瀚文錦繡

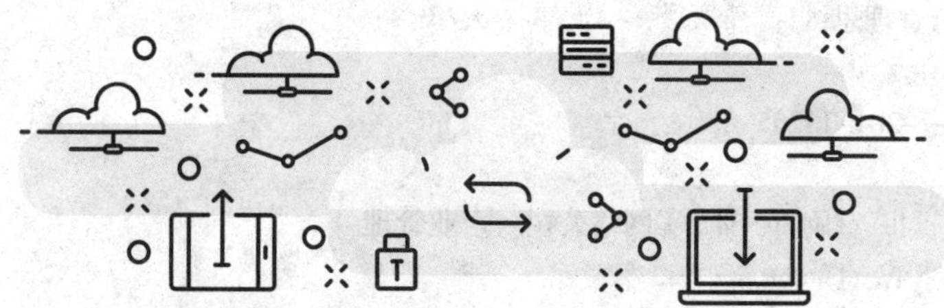

揭开新管理的面纱+网络时代的管理革命

The Cloud Management Thinking of the Internet

互联网的云管理思维

孙希文/著

天津出版传媒集团
天津人民出版社

图书在版编目（CIP）数据

互联网的云管理思维/ 孙希文著. --天津 ：天津人民出版社, 2018.7

ISBN 978-7-201-13255-6

Ⅰ. ①互… Ⅱ. ①孙… Ⅲ. ①网络公司—企业管理—管理模式—研究 Ⅳ. ①F490.6

中国版本图书馆 CIP 数据核字（2018）第 073495 号

互联网的云管理思维

HULIANWANG DE YUNGUANLI SIWEI

出　　版　天津人民出版社
出 版 人　黄　沛
地　　址　天津市和平区西康路35号康岳大厦
邮　　编　300051
邮购电话　（022）23332469
网　　址　http://www. tjrmcbs. com
电子信箱　tjrmcbs@126.com

责任编辑　刘子伯
装帧设计　孙希前

印　　刷　香河县宏润印刷有限公司
经　　销　新华书店
开　　本　710×1000毫米　1/16
印　　张　15
字　　数　120千字
版次印次　2018年7月第1版　2018年7月第1次印刷
定　　价　39. 80元

前言

云管理，提起来大家一定觉得很陌生，那么，什么是云管理呢？云管理的专业定义，是应用社交网络、移动互联网、云计算等新兴技术所带来的新的、创新型的管理模式。对其最简单的理解办法，就是拆一下字，“云管理”就是“云”+“管理”。大家都知道什么是云，云是由千万颗水滴组成的，非常富有诗意。管理却是严谨的、流程化的、程序化的，甚至是古板的。这样一个严谨的管理和具有艺术特征的云结合起来，这就是云管理，它是一种管理和艺术的完美结合。

那么云管理对企业的未来有什么影响呢？

一、云管理对产业发展带来深远影响

云管理带来生产要素体系的变革。传统的生产要素包括劳动、土地、资本和企业家才能。而现在，数量爆发增长的数据信息、形式多样的联网终端成为云管理实现的物质基础，推动人与人、人与物、物与物之间实现实时连接。数据和信息越来越成为现代经济和工业发展的关键要素。政府是数据信息资源的重要主体，真正打通、共享和盘活这些海量的数据资产，使其能够广泛深化运用并能为国家治理、企业决策乃至个人生活服务所用，是政府创新管理的核心议题。

二、云管理改变了政府管理

从历次科技变革和技术革命发展过程中可以看到，每一次科技变革都会对政府管理带来影响，互联网时代背景下，云管理的影响将更为广泛和深远。一是政府管理对象和环境发生变化。互联网时代不断产生的新模式、新业态，使政府管理的对象、环境发生颠覆性变化，快速、高效、多样性、人性化、弹性化成为新的外部环境下对政府管理服务提出的新要求。产业形态多样化以及服务对象多样化与快速更迭对政府传统的管理服务产生颠覆性的挑战。重审批轻监管的传统政府管理服务模式不能适应新要求，政府监管理念、模式与体制机制必须加快创新。

云管理重塑了结构与关系，包括组织结构、社会结构与关系结构，改变了合作模式，比如跨界、融合，还有众包、众筹。互联网时代组织管理模式也发生了变化，云办公、云协作、云智能会成为流行的办公方向，而云管理将是人类组织管理学未来的方向。

本书提出了适应互联网时代的云管理思维，详述了未来组织管理中云管理的意义，扁平化管理，云管理的发展未来等。本书适合互联网企业、传统企业中的高管或职业经理人；创业型企业及创客型组织的创始人、管理者阅读，会让自己的管理更加便捷。

第一章 走进云管理

云管理的核心技术是：SOA 面向服务架构和 BPM 业务流程管理，应用功能主要包括：以 OA 为核心的社交化管理应用，以及以此为门户的 ERP 等应用。

认识云管理

云管理是借助云计算技术和其他相关技术，通过集中式管理系统建立完善的数据体系和信息共享机制，其中集中式管理系统集中安装在云计算平台上，通过严密的权限管理和安全机制来实现的数据和信息管理系统与过程。

一、应用

云管理是指运用社交网络、移动互联网、云计算等新兴技术所催生的创新型管理模式。

“社交网络”，即社交网络服务，源自英文 SNS（Social Network Service）的翻译，中文直译为社会性网络服务或社会化网络服务，意译为社交网络服务。社交网络含义包括硬件、软件、服务及应用。

“移动互联网”（Mobile Internet），是指互联网的技术、平台、商业模式和应用与移动通信技术结合并实践的活动的总称。

“云计算”（Cloud Computing），是基于互联网的相关服务的增加、使用和交付模式，通常涉及通过互联网来提供动态易扩展且经常是虚拟化的资源。狭义云计算指 IT 基础设施的交付和使用模式，指通过网络以按需、易扩展的方式获得所需资源；广义云计算指服务的交付和使用模式，指通过网络以按需、易扩展的方式获得所需服务。这种服务可以是 IT 和软件、互联网相关，也可是其他服务。

二、云管理的复杂性

云管理增加了管理的复杂性。企业的 IT 部门需要把另一层次的性能数据集成至中央系统。虽然听上去这个工作似乎很简单，但是这一步骤具有挑战性是有几个方面原因的。

云计算系统通常都在数据库管理系统和操作系统层以上一个或两个层上运行，并运行在虚拟层的顶层，因此他们是不会向IT运营人员提供可用于解决性能故障的详细信息的。为了缩小差距，IT团队会在现有管理工具和云管理工具之间建立一个链接。这个步骤可以是很复杂的。云的系统包括了不同的管理API，但是有时候它们缺少一些必要的功能。

此外，云管理工具是不会遵循典型的数据中心设备命名规则的。很多企业的故障排查工具依赖主机名称和IP地址来识别设备。但是，云工具则往往依靠虚拟化系统的命名规则。如果没有对这些命名规则进行翻译，那么管理人员可能对基础设施只具有有限的可见性了。

云管理的工具

1.Cloudability

Cloudability是一个跟踪来自多个云供应商的成本管理工具，它支持的供应商包括亚马逊网络服务（AWS）、Rackspace、SoftLayer以及惠普等。用户可以查看所有供应商的成本报告，而当成本支出接近预先定义好的消费限额时，他们就会收到预算警报。Cloudability可以根据项目、部门以及其他更多的预定义来分配多个用户。但是，账户组功能只在企业级服务中提供。

该工具的定价是基于被监控的成本的。这个工具专业版的定价为99美元/月起，被监控成本最高为一万美元；企业版定价为2000美元/月起，被监控成本最高为十万美元。其免费试用期为14天。

2.VMware

VMware 公司的 vCloud 套件提供了三个方面的服务：自动化、运营以及成本管理。云自动化可跨多个管理程序实现应用程序部署——其中包括公共云和私有云。PuppetLabs,Chef 以及 SaltStack 工具可控制自动化。为了满足合规性方面的要求，可对策略进行微调。云运营管理工具可管理云的配置、监控器使用情况以及提供日志分析工具。VMware 公司的成本管理服务可实现跨云资源和服务水平协议的成本支出横向比较。vCloud 套件的定价从标准版的 4995 美元到企业版的 11495 美元不等。

3.Cloudyn

Cloudyn 提供了一套专为 AWS、谷歌以及 OpenStack 的部署而开发的云计管理工具。它的报告可以帮助优化云资源的使用，并为何时使用 AWS 的按需或保留实例提出合理建议。Cloudyn 还提供了包括 AWS 和谷歌在内的云资源模拟成本比较。Cloudyn 的被监控成本定价模式为 229 美元 / 月起，其被监控成本最高为十万美元。

4. 戴尔

归功于戴尔公司对 Enstratius 的收购，戴尔提供了一个云管理平台作为软件即服务（SaaS）或部署在企业内部。它支持 AWS、谷歌、Rackspace、惠普以及微软 Azure 的公共云平台以及 VMware、OpenStack 和 Eucalyptus 的私有云。戴尔公司的云管理服务提供了对软硬件限额的标准资源监控。软件限额会触发产生一个警报，而硬件限额则会关闭对额外资源的访问。管理员可以设置基于角色的用户访问。戴尔公司的服务还集成了其他的管理和安全系统，例如 LDAP、ActiveDirectory 服务器以及计费服务等。

5.RightScale

RightScale 的云管理服务提供了监控和分析工具，它可为 IT 专家提供一个资源的综合视图，其中包括了防火墙、数据库以及实例等各种资源信息。用户可以根据应用程序或团队来组织资源，并实现跨多个云配置的工作负载移动。管理员可以为部署、自动备份以及协助故障转移运行等功能来设置自动扩展。还有资源警告功能。该服务支持 AWS、谷歌、微软 Azure、Rackspace、IBMSoftLayer、CloudStack、OpenStack 以及 VMware。

6.HP

惠普公司的云自动化服务提供了一个支持多个管理程序和云供应商（包括公共云和私有云）的 RESTfulAPI。惠普还有一个图形化的服务设计器，它可为多层应用程序部署定义规范。这个自动化工具可实现模块的定制，其中包括了额外的成本管理、安全性、执行报告以及 Oracle 数据库等。惠普的工具支持 AWS 和微软 Azure。

7.IBM

与惠普类似，IBM 的云管理服务也采用了模块化的方法。它的模块是专为 OpenStack 部署和基于 SystemZ 平台的工作负载而设计的。IBM 提供了一个门户网站来为公共云、私有云和混合云部署服务。IBM 的云市场提供了超过 270 种的工作负载模式，其中包括了 Cloudant、Watson 生态系统以及如 Cognos 那样的商业智能工具。IBM 云流程编排工具提供的支持让 IBM 的云管理服务成为了混合使用 AWS 弹性计算云（EC2）和 IBMSoftLayer 资源的用户的不错选择。

8.Scalr

Scalr 的云管理服务提供了一个独特的"if…then…"基于事件的编程模型，这个模型可实现基于事件的工作流程。这个服务配备了用于编制预算、成本跟踪以及成本预测的成本分析模块。它还提供了可运行 Redis、MySQL 以及 MongoDB 的模板。对于用户管理，治理框架可让管理员创建实例类型和安全组的策略和限制。Scalr 支持 AWS、谷歌、Rackspace、OpenStack、Eucalyptus 以及 Nebula。

互联网思维

关于“互联网思维”尚无统一的定义，一般认为，“互联网思维”是重新审视市场、用户、产品、企业价值链乃至整个经济发展的思考方式与思想方法。它不是技术思维，不是营销思维，也不是电商思维，而是一种系统性的贯串产品设计、生产、物流、营销等全流程的思维方式。

关于“互联网思维”的内涵，比较公认的是 10 个核心思维：用户思维、简约思维、第一思维、标签思维、痛点思维、尖叫点思维、粉丝思维、爆点思维、迭代思维、整合思维。

用户思维。互联网消除了信息不对称，消费者主权时代到来。企业必须从市场定位、产品研发、生产销售乃至售后服务整个价值链各环节，都坚持“以用户为中心”的理念。主动站在用户立场思考产品，让用户参与产品开发，或是按需定制。追求用户体验至上，超出用户预期。

简约思维。简约是为了让用户能够迅速地找到自己所需要的功能，快速上手、零成本学习，本质上是为减少用户使用负担，提升用户体验。iPhone 只有一个按键的设计，就是为了迎合这种体验。

第一思维。互联网时代“胜者为王、强者恒强”，市场上第一名和第二名的占有率往往存在很大差别。企业必须树立第一思维，才能在市场竞争中脱颖而出，获得“滚雪球”式的成长速度。届时，其他竞争者将很难撼动其地位。

标签思维。在互联网时代，没有标签的产品等同于没有定位，有多个标签的产品也等同于没有定位。标签思维要求在产品初期就进行精确定位，并围绕这个定位进行开发、改进，持续专注地坚持这个标签。比如搜索之于百度、电子商务之于淘宝。

痛点思维。痛点是指某项产品或服务被大多数人反复表述过的有待解决的问题。痛点的背后往往隐藏着有价值的功能诉求。在体验经济盛行的年代，痛点是一切产品开发的基础。要尤为重视挖掘用户痛点，提升用户体验，超越用户预期。

尖叫点思维。如果产品仅仅解决了用户的痛点，还不足以让用户推荐，必须让用户觉得实在是太好了，才会有尖叫点。雷军曾说过：永远要做让用户尖叫的产品，做不出来就是我们变得平庸了。

粉丝思维。学会借助网络通信工具，与粉丝密切互动，保持粉丝的参与感、尊重感、成就感。小米手机在开发之初，就不断吸收用户反馈、完善产品，这种迥异于传统企业的做法，让米粉们有了很强的参与感，成为小米发展的重要支撑。

爆点思维。爆点就是产品能够引爆话题的点。在互联网时代，企业需要着眼于产品本身的引爆点，借用微博、微信、博客、论坛等社会化媒体推广产品、形成口碑，需要将产品爆点用更加碎片化、更加网络化的表达方式，不断推向网络。

迭代思维。互联网时代，生产到消费的环节非常短，消费者意见反馈成本非常低。这是互联网产品能够“快速迭代”的基础。迭代思维允许产品有所不足，在持续迭代中完善产品。小米 MIUI 系统，就以周为迭代开发的周期。

整合思维。整合思维要求跳出行业的条条框框，看到自身的资源、优势和弱势，看到行业和整个大环境的资源、优势和弱势。在不同整合对象之间寻找共同利益所在，同时能够提供彼此之间有利的条件，以达到“1+1>2”的整体效果。

“互联网思维”本质上是一种“用户至上、开放合作”的思维模式，它是相对于传统工业思维而言，与传统工业思维模式存在诸多差异。

其一，具有互联网思维的企业，主要关注产品可以带来多少用户，然后再考虑从用户身上获取多少利润，很多互联网企业的产品表面看没有盈利，其实是通过产品黏住用户，挖掘更多商机；传统思维则关注产品本身，所有的收益都和产品挂钩，赢利点过于狭窄。

其二，互联网思维强调开放和大范围协作，注重外部参与，例如谷歌提供大量免费工具，利用众包模式设计谷歌眼镜；传统思维往往自闭于外界，即使有协作，也是小范围的协作。

其三，互联网思维关注产品的可扩展性，通过软件升级不断提升产品功能，拉长产品生命周期；传统思维则关注以新产品替代旧产品，让用户更换产品达到升级目的，反而造成用户流失。

其四，互联网思维注重吸纳用户参与产品开发，在信息面前人人平等，人人都可以参与产品开发；传统思维认为，用户只是产品的使用者，难以参与产品开发。

其五，互联网思维强调开放、协作、共享，讲究小而美，对应扁平化的组织架构；传统思维认为，组织架构是自上而下、等级分明，讲求大而全。

一、“互联网思维”的代表性观点

当前，“互联网思维”不仅受到李彦宏、马化腾、马云、雷军、周鸿祎等互联网行业巨头的热捧，也被张瑞敏、董明珠、李东生等传统企业家所推崇，他们都提出了各自的“互联网思维”。其中，最具代表性和系统性的当属雷军和张瑞敏的“互联网思维”。

小米公司董事长雷军认为，互联网其实不是技术，而是一种观念，是一种方法论，只有运用这种方法论才能把握住互联网时代竞争的精髓。雷军将互联网的思维和方法论总结为“七字诀”：专注、极致、口碑、快。

“专注”强调企业明确自身定位，集中优势资源参与竞争；极致是指企业必须做到自己能力的极限，做到别人达不到的高度；口碑是指为用户创造最高价值体验，从而得到更忠诚的粉丝关注、实现更精准的粉丝口碑营销；“快”是指软硬件产品能以“快速迭代”的形式推出、升级并投入市场。

海尔集团董事长张瑞敏认为，互联网思维对传统制造业企业意味着一种颠覆，这种颠覆主要体现为“三无”：企业无边界、管理无领导、供应链无尺度。

在互联网时代，网络打开了一扇门，可以使得企业无边界，企业要从依靠自身资源求发展，颠覆为并联平台的生态圈；企业员工要从原来听从上级指令，转变为听从用户需求，企业不是管控组织而是创业平台；产品可以供给任何人、任何网络用户，倒逼企业从研发到制造全流程变革，实现全流程无尺度。

“互联网思维”也引发了一些争论，主要集中在两个方面：

一是认为“互联网思维”就是创新思维。万达集团董事长王健林不赞成“互联网思维”的说法，他认为“互联网思维”就是创新思维，而创新思维并不只是互联网公司才有，卖猪肉的双汇也有创新思维。因此，有互联网创新，没有所谓的“互联网思维”。

二是认为“互联网思维”不过是某些成功者的个别经验，难以复制、推广。有人认为，伴随互联网发展成长起来的一批新兴互联网企业（如BAT）和转型互联网的传统企业（如海尔、苏宁、联想等），虽然都宣称用“互联网思维”塑造发展路径，但其所探索的经验并不具有普遍性，他们的经验不一定能在更多的行业复制成功。

对于“互联网思维”，仁者见仁智者见智，这很正常。新华社智库江苏中心认为，对于“互联网思维”，既不能神化，将其作为包治百病的灵丹妙药，也不能妖魔化，将其看作子虚乌有的虚构，而应从具体实践层面来认知，分析其是否真正变革了商业业态和商业模式，是否真正推动了技术创新和产业转型升级，是否真正促进了经济发展和社会全面进步。

从这一角度来看，“互联网思维”的变革价值是切实可见的，它推动了小米手机、余额宝、特斯拉汽车等一批新型企业的成功崛起，对服务业、制造业甚至传统农业都产生了深刻影响，并逐渐渗透至社会管理、政府管理等多领域。暂且搁置“互联网思维”在理论层面是否无懈可击的争议，我们应更多地专注于“互联网思维”的实践和落地，将其作为引导两化融合发展的新理念，推动其与具体产业、企业转型升级相结合，释放“思维红利”，助推改革创新、转变发展方式。

二、“互联网思维”变革传统产业

目前，“互联网思维”不仅仅是停留在理论层面的讨论。互联网通过加快信息的传播速度和提高信息的整合效率，对传统行业潜力的再次挖掘，已经对传统产业产生了切实的影响和变革，其中一些变革甚至是颠覆性的。

在农业领域，“互联网思维”有助于提升农资服务水平、以大数据服务农业生产、打造农产品品牌、升级农产品销售模式、完善农业金融服务。

制造业领域，“互联网思维”催生个性化、定制化的消费需求不断出现，带动大规模服务制造模式的创新；推动知识分享和创新模式从封闭走向开放，企业研发不再局限于自身密闭的空间；“人机互联”使企业管理更具动态适应性与科学性，使企业内外信息流、物流和资金流深度整合成为现实；对很多传统制造企业提出直面品牌营销、市场拓展、客户维护等新的课题。

在服务业领域，“互联网思维”的颠覆性作用已逐步显现：微信改变通信行业、淘宝改变零售行业、大众点评改变餐饮行业、余额宝改变金融行业。

“互联网思维”变革了产品设计、生产、流通、营销等各环节，催生了以消费者为中心的 C2B 模式。工信部电信研究院原副总工程师杨培芳指出，互联网变革所催生的以消费者为中心的 C2B 模式，将是未来商业模式的主要形式。

“互联网思维”推动群体协作模式走向繁荣。众筹模式正在演变为一个新型互联网融资途径，降低创业门槛，让融资更加平民化；众包模式使产品的研发设计充分融合更多人的智慧，借助移动互联网的快速崛起，众包模式的发展趋势愈加明显。

第二章 扁平化是云管理的未来

扁平化管理是企业为解决层级结构的组织形式在现代环境下面临的难题而实施的一种管理模式。当企业规模扩大时，原来的有效办法是增加管理层次，而现在的有效办法是增加管理幅度。当管理层次减少而管理幅度增加时，金字塔状的组织形式就被“压缩”成扁平状的组织形式。

金字塔到扁平化的过度

“未来的企业组织将不再是一种金字塔式的等级制结构，而会逐步向扁平式结构演进”。管理学大师德鲁克的观点总是那样超前而准确，当年我们还在课本里对这句话表示将信将疑时，如今已然在国内看到了现实。

大多数人认为，创新是神秘的、不可预测的或明显不可管理。但实际上，创新不仅是可以管理的，而且与企业组织结构的设计存在着密切的联系。在这方面取得最引人瞩目成就的学者是亨利·明茨伯格（1979），他通过对具有实体性组织结构（单一组织结构）的深入研究，提出了一系列组织结构原型，更为重要的是他将这些原型对创新的影响做出了系统的归纳。后来，罗斯维尔（1992）从历史演变的角度系统地剖析了不同类型组织结构的创新特征，并提出了五代创新模型。他认为，我们对创新过程本质的认识已经从简单的线性模型演变到日益复杂的相互作用模型，其间经历的是组织结构的变迁。

1. 简单的企业内组织结构，如直线制、职能制、直线—职能制等中央集权式的有机结构。由于这类组织结构是以中央高度集权为特征，因此它有效地满足了工业化初期人们对规模经济追求的需要。与此相适应，创新过程被看作是一系列功能性活动，即技术和需求的线性组合。

直线制，是一种最早也是最简单的组织形式。它的特点是企业各级行政单位从上到下实行垂直领导，下属部门只接受一个上级的指令，各级主管负责人对所属单位的一切问题负责。厂部不另设职能机构（可设职能人员协助主管人工作），一切管理职能基本上都由行政主管自己执行。

职能制，是各级行政单位除主管负责人外，还相应地设立一些职能机构。如在厂长下面设立职能机构和人员，协助厂长从事职能管理工作。这种结构要求行政主管把相应的管理职责和权力交给相关的职能机构，各职能机构就有权在自己的业务范围内向下级行政单位发号施令。因此，下级行政负责人除了接受上级行政主管人指挥外，还必须接受上级各职能机构的领导。

直线－职能制，也叫生产区域制，或直线参谋制。它是在直线制和职能制的基础上，取长补短，吸取这两种形式的优点而建立起来的。目前，我们绝大多数企业都采用这种组织结构形式。这种组织结构形式是把企业管理机构和人员分为两类，一类是直线领导机构和人员，按命令统一原则对各级组织行使指挥权；另一类是职能机构和人员，按专业化原则，从事组织的各项职能管理工作。直线领导机构和人员在自己的职责范围内有一定的决定权和对所属下级的指挥权，并对自己部门的工作负全部责任。而职能机构和人员，则是直线指挥人员的参谋，不能对直接部门发号施令，只能进行业务指导。

2. 复杂的企业组织结构是一种集权和分权有机结合的组织结构，如事业部制、矩阵制、项目团队等。在这种结构下，创新表现为一个互动的过程，即企业的营销和研究开发等活动横向联系，以及企业上级与下级之间的反馈是实现企业创新的关键。

事业部制，最早是由美国通用汽车公司总裁斯隆于 1924 年提出的，故有“斯隆模型”之称，也叫“联邦分权化”，是一种高度（层）集权下的分权管理体制。它适用于规模庞大，品种繁多，技术复杂的大型企业，是国外较大的联合公司所采用的一种组织形式，近几年我国一些大型企业集团或公司也引进了这种组织结构形式。事业部制是分级管理、分级核算、自负盈亏的一种形式，即一个公司按地区或按产品类别分成若干个事业部，从产品的设计，原料采购，成本核算，产品制造，一直到产品销售，均由事业部及所属工厂负责，实行单独核算，独立经营，公司总部只保留人事决策，预算控制和监督大权，并通过利润等指标对事业部进行控制。也有的事业部只负责指挥和组织生产，不负责采购和销售，实行生产和供销分立，但这种事业部正在被产品事业部所取代。还有的事业部则按区域来划分。

矩阵制，是既有按职能划分的垂直领导系统，又有按产品（项目）划分的横向领导关系的结构。矩阵制组织是为了改进直线职能制横向联系差，缺乏弹性的缺点而形成的一种组织形式。它的特点表现在围绕某项专门任务成立跨职能部门的专门机构上，例如组成一个专门的产品（项目）小组去从事新产品开发工作，在研究、设计、试验、制造各个不同阶段，由有关部门派人参加，力图做到条块结合，以协调有关部门的活动，保证任务的完成。这种组织结构形式是固定的，人员却是变动的，需要谁，谁就来，任务完成后就可以离开。项目小组和负责人也是临时组织和委任的。任务完成后就解散，有关人员回原单位工作。因此，这种组织结构非常适用于横向协作和攻关项目。

3. 在网络型组织结构中，创新不是表现为单一企业的创新，而是涉及企业与企业、企业与社会之间既合作、又竞争的复杂运作体的系统创新。因此，企业将采取集成系统的方式从网络组织结构及自身的资源来获取信息，并创造一种创新产品的连续竞争能力。其中，以信息技术为基础的网络对这个过程起到了强大的推动作用。

网络型组织结构，是利用现代信息技术手段，适应与发展起来的一种新型的组织机构。在网络型组织结构中，组织的大部分职能从组织外“购买”，这给管理当局提供了高度的灵活性，并使组织集中精力做它们最擅长的事。它以契约关系的建立和维持为基础，依靠外部机构进行制造、销售或其他重要业务经营活动的组织结构形式。

被联结在这一结构中的各经营单位之间并没有正式的资本所有关系和行政隶属关系，只是通过相对松散的契约（正式的协议契约书）纽带，透过一种互惠互利、相互协作、相互信任和支持的机制来进行密切的合作采用网络型结构的组织，他们所做的就是通过公司内联网和公司外互联网，创设一个物理和契约“关系”网络，与独立的制造商、销售代理商及其他机构达成长期协作协议，使他们按照契约要求执行相应的生产经营功能。由于网络型企业组织的大部分活动都是外包、外协的，因此，公司的管理机构就只是一个精干的经理班子，负责监管公司内部开展的活动，同时协调和控制与外部协作机构之间的关系。

思科公司的网络型组织结构。在企业组织结构网络化转型中，最为典型和成功的当属思科系统公司。思科公司现在的网络结构系统分为三层：第一层是电子商务、员工自服务和客户服务支持，能实现的网络效应是产品、服务多样性、定制个性化服务，提高客户的满意度；第二层是虚拟生产和结账；第三层是电子学习。思科庞大的生产关系管理系统（PRM）和客户关系管理系统（CRM）就全部基于这三层网络结构系统之上。思科的第一级组装商有 40 个，下面有 1000 多个零配件供应商，但其中真正属于思科的工厂却只有两个，其他所有供应商、合作伙伴的内联网都通过互联网与思科的内联网相连，无数的客户通过各种方式接入互联网，再与思科的网站挂接，组成了一个实时动态的系统。客户的订单下达到思科网站，思科的网络会自动把订单传送到相应的组装商手中。在订单下达的当天，设备差不多就组装完毕，贴上思科的标签，直接由组装商或供应商发货，思科的人连包装箱子都不会碰一下。

网络型企业组织结构不仅能为像思科这样的企业巨人所应用，对于经营范围单一、分工协作密切的小型公司，更是一种可行选择。采用网络型结构的组织，他们所做的就是通过公司内联网和公司外互联网，创设一个物理和契约“关系”网络，与独立的制造商、销售代理商及其他机构达成长期协作协议，使他们按照契约要求执行相应的生产经营功能。由于网络型企业组织的大部分活动都是外包、外协的，因此，公司的管理机构就只是一个精干的经理班子，负责监管公司内部开展。

我们同样从思科公司的网络管理结构中得以感受。思科公司提供完备的网上订货系统、网上技术支持系统和客户关系管理系统。客户可以在网上查到交易规则、即时报价、产品规格、型号、配置等各种完备、准确的信息，可以通过互联网进行各种技术服务在线支持。基于这种生产方式，思科的库存减少了45%，产品的上市时间提前了25%，总体利润率比其竞争对手高15%而不是1.5%！互联网应用给思科公司每年节约的交易成本是6亿美元，这比其竞争对手的研发预算还要多。

扁平化企业的管理模式

扁平化管理模式的特点，是精炼了管理层次。但是由决策者直接面对职能部门和基层生产单位的"一对多"的组织构架，这只是物理意义上的扁平化管理。由于实施"面对面"的管理，大量的数据和管理信息的交流只能在决策者和所面对的管理部门之间进行，而部门与部门之间的信息资源的交流及相互调用亦只能通过决策者来进行。此时的决策者在扁平化管理平台上的主要"功能"只起到一个"数据库"（存储和交换信息资源）的作用，无法集中有限的精力去研究企业的市场对策和企业发展的战略问题。面对企业内部各种管理信息流（资金流、物资流、计划流……）的迅速汇集，决策者如何把握时效，有序整合相关的数据，合理配置企业资源，提高决策效率，这是实施扁平化难点所在。

扁平化管理是指通过减少管理层次、压缩职能部门和机构、裁减人员，使企业的决策层和操作层之间的中间管理层级尽可能减少，以便使企业快速地将决策权延至企业生产、营销的最前线，从而为提高企业效率而建立起来的富有弹性的新型管理模式。

它摒弃了传统的金字塔状的企业管理模式的诸多难以解决的问题和矛盾。

扁平化管理是企业为解决层级结构的组织形式在现代环境下面临的难题而实施的一种管理模式。当企业规模扩大时，原来的有效办法是增加管理层次，而现在的有效办法是增加管理幅度。当管理层次减少而管理幅度增加时，金字塔状的组织形式就被“压缩”成扁平状的组织形式。

一、特点

1. 优点

它较好地解决了等级式管理的“层次重叠、冗员多、组织机构运转效率低下”等弊端，加快了信息流的速率，提高决策效率。

扁平化管理模式的特点，是精炼了管理层次。

2. 缺点

但是由决策者直接面对职能部门和基层生产单位的“一对多”的组织构架，这只是物理意义上的扁平化管理。由于实施“面对面”的管理，大量的数据和管理信息的交流只能在决策者和所面对的管理部门之间进行，而部门与部门之间的信息资源的交流及相互调用亦只能通过决策者来进行。此时的决策者在扁平化管理平台上的主要“功能”只起到一个“数据库”（存储和交换信息资源）的作用，无法集中有限的精力去研究企业的市场对策和企业发展的战略问题。面对企业内部各种管理信息流（资金流、物资流、计划流……）的迅速汇集，决策者如何把握时效，有序整合相关的数据，合理配置企业资源，提高决策效率，这是实施扁平化难点所在。

二、内涵

“扁平化管理”是相对于传统的等级结构管理模式而言的。传统组织的特点表现为层级结构，即在一个企业中，其高层、中层、基层管理者组成一个金字塔状的结构。董事长和总裁位于金字塔顶，他们的指令通过一级一级的管理层，最终传达到执行者；基层的信息通过一层一层的筛选，最后到达最高决策者。而扁平组织则是指当企业规模扩大时，改变原来的增加管理层次的做法，转而增加管理幅度。当管理层次减少而管理幅度增加时，金字塔状的组织形式就被“压缩”成扁平状的组织形式。

扁平化管理是针对传统组织结构“金字塔”式管理而言。金字塔式组织结构是与集权管理体制相适应的。在现代企业组织结构中，金字塔式和扁平化共存。

之所以“扁平化”成为现代组织变革的关键词，是因为传统的组织形式难以适应快速变化的市场环境，造成决策链过长、反应缓慢，为了不被淘汰，就必须选择那些与市场关联度高的部门，分权、授权管理，使企业集团在规模扩大的同时，组织机构趋向“扁平化”。特别是现代信息技术的发展、计算机管理信息系统的应用，使严格意义上的多层级、层层汇报的垂直管理不再有效，从另一方面加速了企业组织机构“扁平化”的趋势。

想要对扁平化管理的概念有真正的了解，就必须明确几个其他相关的基础概念：

A. 管理幅度（span of control）：是指管理者所管辖的下属人员或部门的数目。人的管理幅度是有限的，有效的管理幅度要取决于各种影响因素。当管理幅度以算术级数增加时，管理者和下属之间可能存在的关系却是以几何级数增加的。管理者和下属人员会使管理工作复杂化，而个人的工作能力则是有限的，因而有必要确定合理有效的管理幅度，这是企业组织结构设计的一项重要内容。

B. 管理层次（layer of management）：是组织内纵向管理系统所划分的等级。企业内部的组织层次，实际上又是垂直的组织分工，部门化并不是企业内部唯一的组织分工。部门分工与层次分工分别属于企业组织分工的两个不同侧面。组织层次的分工，着重表现出在一定限度内自上而下地行使权力、利用资源以及明确管理职能的过程。组织中各个层次都承担着一定的管理职能。

C. 科层结构（hierarchy model）：也称“宝塔形”结构，是指一种典型的管理层次较多，管理幅度较小的组织结构。

D. 扁平化结构（flat model）：与科层结构相对应，是指管理层次较少，管理幅度较大的组织结构。

在这几个相关概念中，A 与 B 呈负相关关系，也就是说，管理幅度越小、越窄，管理层次就越多；管理幅度越大、越宽，管理层次也就越少。C与D是相对立的两个概念，代表了A与B在量化上的此增彼减。

实行扁平化管理，是指通过缩短经营管理通道和路径，扩大经营管理的宽度和幅度，进而提高经营管理效率和市场竞争力，具体来说，一般是指企业在组织结构上二级分行所在地，二级分行与网点之间不再设办事处这一中间管理层次的管理模式。这一模式在市区的选择，可以减少管理层次和中间环节，缩短管理半径，加大企业二级分行的直营和集约化经营的力度。

最早将“扁平化管理”思想付诸实践的是美国通用电气公司。1981年，韦尔奇就任通用公司首席执行官时，通用电气公司从董事长到现场管理员之间的管理层数目，多达24 ~ 26层。韦尔奇上任后，顶住压力，通过采取“无边界行动”“零管理层”等管理措施，使公司管理层级数锐减至5–6层，彻底瓦解了自20世纪60年代就深植于组织内部的官僚系统，不但节省了大笔开支，更极大地提高了管理效率，企业的经济效益大幅提高。

世界经济发展到现在，越来越多的迹象表明，随着世界性经济结构的调整、科技的进步、竞争的加剧，在今后的竞争中，企业规模已不再是决定企业最终命运的决定性力量，灵活性和适应性将成为决定企业参与市场竞争成败的关键。特别是随着信息技术的发展、电子商务的出现和知识经济时代的到来，今天的企业所处的经济环境已发生了翻天覆地的变化。在多媒体技术、网络传输技术、卫星通信技术、安全加密技术等现代高科技手段的有力支撑下，依靠功能强大的办公软件、营销管理软件等应用软件，能够轻而易举地实现对大量数据信息的集中快速处理，在第一时间内将企业所有高价值信息传递给高层决策者、供货商、经销商与合作伙伴，实现

“一网打尽”。

这就从根本上动摇了经典管理理论中“管理幅度”论的理论基础，使许多原来仅起到“信息中转站”作用的中间管理层完全成为多余，这在客观上促使许多企业达成了关于推行“扁平化管理”的共识：即当企业扩大规模时，原来加强管理的思路是增加管理层次，而现在的思路却是增加管理幅度。

综合上述分析，我们可以看出，“扁平化管理”之所以能在世界范围内大行其道的原因主要有三个：

一是“扁平化管理”在技术上已成为可能，这是企业能够“扁平化”的前提；

二是“扁平化管理”反映了现代企业快速应对市场变化的客观需要；

三是“扁平化管理”确实为众多企业带来了事半功倍的管理效率。

三、结构形式

由于信息化进程的深入发展必然导致企业结构趋向扁平，所以，我们必须全面认识扁平化管理结构，才能更好地利用信息技术手段使企业组织结构的扁平化调整获得成功，真正做到向管理要效益。

按照管理层次与管理幅度的关系，组织结构有两种形式，即扁平结构和直式结构。扁平结构是管理层次少而管理幅度大的结构，直式结构是管理层次多而管理幅度小的结构。管理幅度小，管理层次和管理人员就要增多，花费的精力、时间和费用都要增加；而扩大管理幅度，可以减少管理层次，所需的管理人员、时间和费用减少，上下级之间信息传递的渠道缩短，可以提高工作效率。

四、运用

运用扁平化管理模式，旨在构筑新模式、组建新机构、再造新流程。变矩阵式管理为扁平化管理，突破次序、等级结构的界线；突破部门和职能职责的界线，变分散管理为集成管理，对企业进行整合。

首先是构建扁平化的组织。扁平化管理包括三个方面的内容：信息的扁平化、组织机构的扁平化和业务流程的扁平化。组织结构的扁平化只是为扁平化管理提供了一个平台，在这个平台上要不断地进行业务流程的优化，从而为信息的扁平化提供物质载体。

其次是构建企业内部的信息网络。企业内部信息的畅通是保证一个组织高效运转的必要条件之一。目前，企业的组织一般都是基于职能设立的，因此不可避免地会出现各部门为了自身的利益而各自为战，失去了协同作战的能力。所以，企业在进行组织结构调整的同时，需要建立相应的制度来保证信息网络的畅通。

再次是构建企业外部的信息网络。随着互联网络的发展，外部信息的获得多数是通过网络来完成的，信息的获得越来越具有同质性的特点，关键在于谁能及时获得信息，谁就能领先进入市场。

五、实施对策

实施扁平化管理不是简单地撤并机构就可以完成的，特别是大型企业的管理关系和生产流程复杂，在推行组织结构扁平化时：

首先，要对管理业务整合和职能调整进行认真的调查和论证。业务流程设计应做到职能设置科学，管理流程短，信息畅。管理层的机构和岗位设置应做到精干高效、责权对应。

其次，要对作业层进行整合。整合的原则是工艺相近，区域相邻，集散有度，有利管理。

三要提高员工素质。由于扁平化的内涵是减少管理层次、扩大管理幅度，因此一定要实行竞争上岗，保证关键岗位上的人员素质。四要周密编制实施方案，特别是企业集团大范围地推行扁平化管理，更应编制好科学、详尽的实施方案。

实施扁平化管理是推进企业信息化的有效途径，可以全面提高企业的管理水平。

六、优势

相对于传统的金字塔状的企业管理模式而言，扁平化管理存在诸多优势。

首先是企业管理层次可以大大减少，控制幅度大大扩展。

金字塔状的企业结构由高层、中层、基层管理者和操作层组成，董事长和总裁位于金字塔顶，他们的指令通过一级一级的管理层，最终传达到操作层；操作层的信息通过一层一层的筛选，最后到达塔顶。传统的管理幅度理论认为，一个管理者所能管理的下属人数是有限的；而且越往高层，一个管理者所能有效管理的下属越少。这样的情况下，最高层管理者的意图传递到底层时已经变样；反之，底层的信息动态传递到最高层时也会变样。据说上海宝钢集团公司曾经失去大客户上海汽车一事，顶层管理者三个月后才知道。但信息化、网络化技术的发展，健全的规章制度和流程化管理的形成，使企业的管理幅度得到扩展，企业的中间管理层次也就可以相应缩减，而扁平化管理就是将原先承担上传下达任务的中间管理层次减少。美国管理学家德鲁克一针见血地指出："组织不良最常见的病症，也就是最严重的病症，便是管理层次太多，组织结构上一项基本原则是，尽量减少管理层次，尽量形成一条最短的指挥链"。如海尔集团将原来的职能结构转变成流程网络结构，垂直业务结构转变成水平业务流程，使企业达到了"三个零"——顾客零距离、资金零占用和质量零缺陷。

其次是企业适应市场变化的能力大大提高。

金字塔状的企业对快速变化的市场反应迟钝，而扁平化管理的决策触角直接伸向市场，能根据瞬息万变的信息及时决策，并能立即得到响应和执行。如郭士纳董事长将 IBM 原来“中央集权”的金字塔变为一种扁平型的组织结构后，曾经因为机构臃肿而变得步履蹒跚的 IBM 对市场的敏感度和适应性大增。

第三是分权管理成为一种流行趋势。

金字塔状的企业实行的是绝对集权管理，要求下属绝对地服从上级的命令、听从指挥。如 IBM 最高决策者的指令，在传统管理体制下要通过 18 个管理层传递到最基层的操作者，传递过程和时间长，信息易失真。而扁平化的企业实行的是分权管理为主，权力中心下移，各基层组织之间相对独立，尽量减少决策在时间和空间上的延迟过程，这将提高决策民主化和决策的效率。

第四是优秀的人才资源更容易成长。

金字塔状的企业中，各个管理层和操作层被动地接受和完成任务，在缺乏主观能动性的环境中长期教化，成长的周期要长一些，能成长起来的人才要少一些。但一个企业家组成不了优秀的企业，需要一大批人才优化组合才能支撑一个优秀的企业。扁平化管理中，仅有的几个层次的管理人员尤其是一线管理人员必须直接面对市场，独立行使众多原来由高层拥有和行使的职能，对管理人员的组织管理能力和决策能力提出了更高的要求，在实战中更容易尽快成长起来，也更容易形成彼此互补、彼此合作的团队。

第五是有利于节约管理费用的开支。

扁平型组织结构由于管理层次少，人员精简，加上发挥计算机的辅助功能，实现信息传输和处理网络化，各种办公设备、用品、办公室及活动经费开支等都可减少，从而节约了管理费用。

七、应用条件

并不是所有企业都能够通过扁平化管理解决自身的管理问题，要想使扁平化管理在企业发挥作用，以下几个条件应该比较成熟。

1. 能突破传统的管理理念和文化束缚，形成系统的管理理念。

经过五千年封建等级制度熏陶的中国人，形成了“民可使由之、不可使知之”的“上智下愚”的传统管理文化和高度森严等级制、塔式管理模式，众多层次的中层管理者在这样的体系中可以相对承担较少的责任和风险，实施大幅削减中间管理层的扁平化管理必定会受到他们思想上和行动上的抵制；长期奉行的管理幅度理论也将影响扁平化管理的实施。而扁平化管理旨在打破原有的中间管理层次，直接以优化的系统结构快速适应市场变化，因此系统观念必须养成。

学习型组织的创始人彼德·圣吉在他所提出的五项修炼中，重要的一条内容就是“系统思考”。用系统论的观点思考问题，企业组织就不会狭隘地形成各部门、各子公司之间信息、资源互不连接的孤岛。系统论专家、创始人冯·伯塔郎菲认为，管理人员应用系统论的方法就可阐明组织系统的目标，确定评价系统工作成绩的标准，并将企业与各种周边环境更好地联系起来系统地考虑问题，最优化地解决问题。因此，系统论在企业各管理层的接受程度将直接影响到扁平化管理的推行效果。

2. 管理流程能较好地实现扁平化设计。

美国管理学家德鲁克在较早时期就运用了一个交响乐团的例子来说明组织的“扁平化”特征，他指出：几百名音乐家能够与他们的首席执行官一起演奏，是因为大家共同使用着同一张总谱。这张总谱就是一个流程，所有的音乐家拿到它就知道该在何时干何事。企业扁平化管理也需要每一个岗位拿到一张管理流程的“总谱”，不管换了谁拿到流程图就知道自己该干什么。

让我们来看看美国圣莫尼卡高速公路事件，你就能明白管理流程扁平化的重要作用。1994 年 1 月 17 日，圣莫尼卡高速公路的一座大桥在洛杉矶地震中倒塌了，这一事件迫使几百万驾车者改道上班，洛城交通因此造成大规模塞车。加利福尼亚交通部官员起初预测修复高速公路得花 12 至 18 个月。考虑到交通受阻带来的严重后果，加州交通部表示将把合同交付给能够在 6 个月内完成公路修复工程的承包商，并将集中力量不惜代价尽快完成此工程。修复工作最后仅花了短短的 66 天。这一奇迹通过改变以往的审核流程得到了实现：加州交通部门派工作人员携带施工计划及说明书乘飞机去与承包商洽谈，这样五位承包商同时获得了相同的信息，标价的审定及合同签订在同一天完成。设计组于 6 天内将施工图送交承包商，通常这需要约 9 个月时间。原来，桥梁建设计划一般由加州交通部审核（此过程需要几周甚至几个月）；然后同级部门复审（花去更多时间）；最后复审的计划送交承包商进行投标。而这一次，在交通部门批准的同时承包商已得到施工计划，准备就绪，同级复审与工程开工同步进行。为了防止突发事件及不确定因素，加州交通部门的特派工程师和政府监督员随后就被派驻公路建设现场，负责整个建设过程，这些安排都大大减少了工作审批时间。

在企业管理流程扁平化设计中也需要如此，一切都服务于流程的简化，根据企业目标进行管理业务流程的总体设计，使总体业务流程达到最优化，这是组织设计的出发点。按照优化管理流程设计尽可能少的管理岗位，这时职能部门的作用就是高层管理和决策者进行经营管理的助手和基层业务部门的服务者，设计出每个岗位最简洁的操作程序，一切工作均按最优工作流程来设计和执行，用工作规范将其固定下来，在流程中加强对业务的监督和风险的控制。

3. 分权与集权能较好地融合。

20 世纪后半叶“分权”成为时尚。所谓分权，就是企业经营者将一部分经营决策权下放到职能部门，这样可以免去不少因决策延误导致的市场机会丧失。如果不实行分权决策和管理，使决策权和管理权集中在少数人身上，就会使决策和管理效率低下，难以适应市场竞争。扁平化管理就是以分权为主、集权为辅的管理，有人称之为“有控制的分权”，分权是为了让简化了的管理层次都能获得相适应的面对市场的独立决策权和管理权；鼓励下属为实现目标而分担更多一些的责任。集权则是能够有效地对各个得到分权的部门和岗位进行实时监控，发现没有按照流程和决策执行的事情后能及时纠正，时时观察全局计划的进展情况，对可能出现的偏离目标的局部现象进行协调。这样企业的组织机构精简了，业务部门相应的权限也就增大了，高层领导有充分的时间和精力致力于战略性决策，基层主管又可以发挥主动性、积极性和创造性，人人负责，执行到位。

4. 学习型员工和管理团队能够在较好的企业文化背景中存在。

如果按照管理幅度理论，要指挥数百人的乐队，一个指挥家是根本不可能指挥那么多的演奏家的。但是如前所述，一张总谱就能够解决这个问题，扁平化管理不仅需要有作为企业愿景的“总谱”，并在每位员工之间建立快捷的网络链接；还必须每个人都是所从事领域内的能手，他们对企业愿景有着共同的理解，在上级管理者的示意下掌握同一个节奏工作。

扁平化管理中，选人用人特别重要，不论是管理者还是被管理者，当素质达不到要求时，扁平化管理的效果将大打折扣。扁平化管理要求有高素质、高能力的员工在各种变化着的团队中高效工作，形成一个人才资源的有效聚合。选拔那些对企业忠诚、有工作责任心、有执行力和管理能力以及团队协作精神的人进入有限的决策和管理岗位并对他们充分分权。这时，面对越来越高的岗位工作能力的要求，每一个员工都不会认为“学习、学习、再学习”的要求过时和老套，而“终身学习”、“在工作中学习和在学习中工作”也会成为员工和企业的共同要求。另外，在制度和流程框架下对员工的充分信任非常重要，平等、信任、互助的企业文化氛围，也是扁平化管理的追求，在这样的氛围中组建跨部门团队、特殊任务团队时，队员之间就会缩短磨合时间，迅速整合并具有很强的应变力和聚合力。

5. 计算机网络技术能在企业中得到较全面的应用。

市场的瞬息万变、机遇的转瞬即逝，迫使企业做出快速反应，而传统的金字塔式的管理模式严重地制约了企业的快速反应能力，传统的管理手段决定了管理的幅度不可能太大。如果企业仍然维持传统的上下沟通方式，不仅沟通的成木高，信息传达的线路也长，也容易造成信息的漏传、误传和失真。计算机和互联网技术的发展，使传统企业管理中所遇到的这些问题能够迎刃而解，借助现代信息技术可以高效有序地整合企业内部资源并分析市场变化，正确地收集、存储、整理、处理和传递来自各个方面的信息，企业工作指令几乎可以同时传递到不同层级的员工，高层管理者直接、间接地管理下属、监控工作也成为可能。这样，管理幅度就能不断加大，原有的大量中间管理层也就显得冗长而没有必要，管理扁平化也就成为一种趋势和需要。由此可见，网络技术和现代化管理手段在企业的普及程度也会对企业扁平化管理推进产生非常重要的影响。

第三章 云管理下的客户为本

在以产品为中心的商业模式向以客户为中心的商业模式转变的情况下，众多的企业开始将客户视为其重要的资产，不断地采取多种方式对企业的客户实施关怀，以提高客户对本企业的满意程度和忠诚度。我们看到，世界上越来越多的企业在提出这样的理念：“想客户所想”、“客户就是上帝”、“客户的利益至高无上”、“客户永远是对的”等等。

客户也是企业重要的资产

美国通用电气公司前董事长兼CEO杰克·韦尔奇在对年轻员工的一次谈话中说："所有企业都是如此，领导者的洞见必须达成这项要求，能满足客户，提出比对手更胜一筹的构想。领导者应持自豪的态度，为客户提供比对手更具吸引力的服务。"

客户关系管理是企业营销的头等大事，更是企业战略层面的事情，而绝非仅仅依靠战术层面的操作就可以解决问题。对于企业来说，这项工作是关系到企业生存与发展或者说生命攸关的要务。

对客户关系管理应用的重视来源于企业对客户长期管理的观念，这种观念认为客户是企业最重要的资产。

在传统观念中，企业只是将厂房、设备、现金、股票、债券等固定资产和流动资产看作资产。后来，随着社会的发展、技术的进步，企业开始将品牌、人才、专利和专有技术等纳入到资产的范畴。然而这种资产的划分理念具有局限性，并不能包揽企业实现价值的完全条件，缺少了最重要的客户。于是，众多企业把客户视为其一项重要资产，不断地采取多种方式对企业的客户实施关怀，以提高客户对本企业的满意度和忠诚度。

法国安盛集团亚太区执行总裁欧文指出：作为全球性保险公司，我们始终对顾客的需要有着透彻的理解，我们的目标是让顾客感受到"生活无限，自有把握"，即让顾客能够通过与我们的合作获得人生的安全感和信任感，这无疑是我们获得成功的源头活水。

的确，成功的客户关系管理可以帮助企业形成竞争优势，最终提高公司的利润。现代企业注重为客户创造价值，一些企业甚至与客户联合办公、协同作业，这种相互依存的关系贯穿于整个价值链：从研发、营销、销售，到售后服务等。如此一来，企业成了客户不可或缺的伙伴，而很多企业也通过与客户的交流和合作，取得了令人瞩目的成绩。例如，GE 塑料集团派出训练有素的员工去客户工厂，帮助客户开发新产品、设计生产流程以降低成本、提高业绩，一年内为客户节省了 6800 万美元，其自身的销售收入也增长了 11%。

美国沃尔玛公司创始人山姆 · 沃尔顿曾经说："我们都是为顾客工作，你也许会想你是在为你的上司或经理工作，但事实他也和你一样。在我们的组织之外有一个大老板，那就是顾客，是他付给我们每月的薪水，只有他有权解雇上至董事长的每一个人。道理很简单，只要他改变一下购物习惯，换到别家商店买东西就是了。"

"顾客第一"是沃尔玛成功的精髓。一位自 1950 年起就在当时的沃尔顿平价商店里工作的老员工回忆说："沃尔顿先生第一次让我们认识到顾客永远是对的。沃尔顿先生要我们与顾客聊一聊他们养的家畜，还有他们的孩子，并非因为这些话题很重要，而是因为顾客是我们收入的源泉，是我们利润的源泉。这一点在以后的经营中不断得到强调。"

沃尔玛的员工们也一直把"顾客第一"记在心里。他们会尽其所能使顾客感到在沃尔玛连锁店和山姆会员商店购物是一次亲切、愉快的经历。有一次，一位顾客到沃尔玛商店寻找一种特殊的油漆，而沃尔玛商店正好缺货，于是油漆部门的经理便亲自带这位顾客到对面的油漆店里购买，这使顾客和油漆行的老板感激不尽。

尽管"顾客永远是对的"这句话是山姆 · 沃尔顿提出来的，但是这并不能妨碍它成为世界上所有服务企业的座右铭。世界最大的家具建材零售企业家得宝公司便把“顾客永远是对的”融入到了自己的企业文化当中。

家得宝公司一直实行无障碍退货制度。一天，一个顾客推着一套轮胎走进了家得宝的一家卖场，要求退货。店中的工作人员感到很诧异，因为家得宝公司从来没有卖过轮胎，自然也就拒绝了退货的要求。但这个顾客态度强硬、不依不饶，为此双方僵持不下。

公司的一位地区总裁恰好在这家店里，他看到发生的事情，就走了过来，了解了情况后，他一句话也没有说，只是默默地走到收款机旁，按顾客所说的价钱一分不少地给了他。随后，这位总裁把这套轮胎挂在了收银台上方，好让每个工作人员都记住：“顾客永远是对的”。

这件事在家得宝公司被传为美谈。家得宝公司的创始人之一博尼·马库斯说：“那些不诚实的顾客也会信心十足地来买东西。即使他回去告诉每个人我们有多傻，也没什么不好，因为现在每个人都来我们这里买东西了。”

“我最忌讳的就是作为管理者离客户越来越远。”这是美国思科公司董事会主席兼 CEO 约翰·钱伯斯的一句话。

管理者要提升自己企业的市场地位，光靠产品和质量是不行的，还应该考虑到顾客的需求，并把战略中心从产品转移到顾客需求上。所以，管理者应经常向顾客征询意见，以了解他们的需求。

独特性能创造竞争优势

美国英特尔公司前董事长兼 CEO 安迪·格鲁夫在和年轻人的交流中曾说过这样的话：“独特性由于竞争性复制而无以为继，但是也的确有一些策略可以创建差异化优势。”

目前，企业都在一个全球性的市场中彼此竞争，产品和服务的品种与类型也由于这种竞争而呈几何式增长。在如此众多的产品之中，管理者如果想使自己的产品在市场中立于不败之地，就要保持自己的独特性，并把这些独特之处发挥到淋漓尽致。

独特性要求企业生产出独特的产品和提供与众不同的服务项目及服务质量；要求企业以简洁生动和富有感情的语言表达本企业产品的功能与质量，即努力使提供的产品和服务在与类似产品或者服务的对比中具有独特性。

不可否认，苹果公司是一家具有独特气质的公司，而与公司的气质相似的是苹果的产品一直保持着自己的独特性。苹果的 iphone4 开始发售的时候，消费者趋之若鹜，而他们之所以如此积极，一个非常重要的原因就是苹果 iphone4 是独一无二的，他们认为任何一款手机都无法与之媲美。

德国西门子公司 CE0 罗旭德说：“我们的目标是使西门子的全线业务成为业务潮流领导者，并且通过在专利以及技术领域的强劲发展，取得行业竞争优势。为了提升研发效率，合理掌控技术的复杂性是至关重要的。”

可见，企业只有保持自己的竞争优势，拥有自己的核心竞争力，才能在激烈的市场竞争中立于不败之地。有专家认为，企业核心竞争力的重要源泉是具有自己的独特性，它是企业赖以生存与发展的灵魂，企业应当从形象、文化、技术、品牌、产品和人力资本等方面树立自己的独特性。

美国波士顿咨询公司创始人布鲁斯·亨德森教授将高斯竞争性排他原理——两个生存方式相同的物种不可能持久共生，引入到商业竞争之中，指出战略的基点是一个组织或企业特有的属性，也就是独特性。这种持久的独特性，界定了一个企业的鲜明特征，从自我认知到外部形象，更凸显了一个企业在实质上的超群之处：它的竞争力，它的战略所依赖的、难以被对手模仿的资源禀赋与能力组合亦或其他组织机制和行为范式。正是由于这种独特性的存在和难以模仿，基于其上的企业战略才难以被对手模仿，长期取胜才有机会成为可能。

企业要想在市场竞争中立于不败之地，必须时刻保持自己的竞争优势，“竞争优势”的思想最早来源于20世纪30年代的产业组织理论，60年代后得到迅速发展。霍弗和辛德尔把它引入战略管理领域，认为竞争优势就是“一个组织通过其资源的调配而获得的相对于其竞争对手的独特性市场优势”。巴思认为，“当一个企业能够实施某种价值创造性战略而其他任何现有和潜在的竞争者不能同时实施时，就可以说企业拥有竞争优势”。而企业竞争优势的取得，往往又取决于企业是否拥有核心竞争能力。核心竞争力是企业相对于竞争对手，赖以生存和发展、具有独占或相对垄断性的竞争优势，尤其是关于如何协调不同的生产技能和整合多种技术的知识和技能，并据此获得超越其他竞争对手的独特能力，企业可以通过独特性的分析寻求提高其竞争能力的途径。

由此可见，独特性是提升企业核心竞争力的关键所在。因为无论在哪一个市场中，没有永远的垄断者，任何新兴的公司都有成功的机会。成功的关键在于是否找到自己的位置。而所谓自己的位置就是企业的独特性。独特性对于所有的企业来说都是极其重要的，无论是新兴的小公司还是业界的巨头，它是企业的立足之本，任何一个成功企业的成功之路几乎都是找到自己的独特性并把它保持下来的过程。“独特性”很容易让企业在广阔的市场中凸显出来。

那么，企业应如何培育自身的独特性呢?

企业的核心竞争力是企业所有竞争力中最具特色，别的企业所不具备或难以企及一种能力。我们称之为独特性能力。这种独特性是企业赖以生存与发展的灵魂。有人形象地用“偷不去、买不来、拆不开、带不走”来形容核心竞争力，充分说明其独特性的魅力。社会竞争的加剧，竞争对手的增多，以及商品世界的繁华，迫使每个企业必须做到其形象的鲜明性和独特性，以显示其与众不同之处，给公众与众不同的新鲜刺激，便于公众认知、识别，吸引其注意，从而在公众头脑里留下难以忘怀的美好印象，增强认知效果。具体到一个企业而言，可以根据自身情况，从不同的角度培育自己的独特性，而如下几方面应作为侧重点：

（一）企业形象的独特性

企业要在对手如林的商战中取胜，就应当在企业理念的指导下，使企业的行为（活动）识别体现出与其他企业不同的个性，而这种独特的个性，正是社会公众识别企业的基础，否则就容易陷入无差别的境界。所以，企业应当注意创立企业活动的独特性、差异性，因为广大消费者正是通过这种独具个性的活动来认识企业的。

企业形象的独特性是内容和形式的有机统一，一方面要求企业的外在形象具有鲜明的个性，另一方面更要求企业的内在精神，即内部深层形象具有鲜明独特性。任何割裂两者统一的做法，都不能使企业具有良好的形象。

企业形象必须在保持鲜明独特性的同时，不断调整、创新、提升自己的形象，这才能适应市场需求、公众价值观、竞争状况、社会舆论、政府政策及各种环境因素的变化。

（二）企业文化的独特性

企业文化是“企业成员所追求的固有价值、思维方式、行为方式和信念体系”。对于具体的企业之间来说，企业文化具有差异，甚至千差万别。差别在于他们用不同的方式方法来提升凝聚力；在于针对各自存在的不同薄弱环节；在于企业有别于不同行业、生产不同产品、不同服务对象等。因此，每一个企业都具有自己独特的、与众不同的企业文化，都具有各具特色的企业目标、价值观体系、行为准则、经营管理原则。

（三）企业技术的独特性

技术是来源于科学和实践经验的知识、工具和技能的载体，可以应用于开发、设计、制造，也可以应用于产品、工艺流程、系统和服务。对于企业而言，技术也有其独特之处，在一个相对成熟的行业里，技术创新所带来的产品独特优势越来越少，企业只有确保技术或经营的新颖独特，才有广阔的市场前景。当然，技术的新颖独特必须以存在足够的市场需求为前提。独特性应能使得产品在相当长时间内保有市场，且不被仿冒。

（四）企业品牌的独特性

品牌的最初定义，是指一种能反映产品或服务的质量信誉并与其他产品或服务相区别的名称、标记、符号、口号或设计的组合。品牌代表一种熟悉程度或知名度，应该加大企业产品或服务的宣传力度。要提高知名度，必须让顾客能经常看到、听到、感受到、联想到本企业所提供产品或服务的独特性和优越性，应该围绕产品或服务的名称、标志、承诺和口号设计广告宣传的内容，包括本企业产品或服务与其他产品或服务的明显区别，能够为顾客带来的特别利益，显示产品或服务卓越的水平和质量。

（五）企业产品的独特性

独特性要求企业生产出具有独特性的产品和提供与众不同的服务项目及服务质量；要求企业以简洁生动和富有感情的语言表达本企业产品的功能与质量，即努力使提供的产品和服务在与类似产品或者服务的对比中具有独特性。技术对企业专业化的贡献，不在于技术的科学价值，无论多么先进的技术，都必须通过特定的产品和服务造福于人类才真正转化为生产力，通过对技术的应用和创新，形成自己独特的产品和服务，从而占据独特的细分市场，拉开与竞争对手的差距，避开激烈的市场竞争。

（六）企业人力资本的独特性

企业人力资本的独特性是指其技能的不可复制和不可模仿性。判断独特性的指标之一是看雇员的技能是否特定于某一企业。当员工的技能只能在一种独特的环境中使用时，它就意味着企业不太可能在开放的劳动力市场上找到这些技能。

独特性是企业创造竞争优势的重要因素。假如企业忽略了自己的独特之处，试图成为适用于所有人的万能钥匙，那么很快就会把自己脱颖而出的产品破坏掉。雪佛兰就是很好的例子，雪佛兰曾经是市场上家用轿车的霸主，可雪佛兰试图在它的特性上再加上“昂贵”、“跑车”、“小型”和“货车”，随之自己的独特之处也消失了。因此，企业在发展过程中必须专注于自己的竞争优势，把自己的独特性发扬光大。

顾客就是上帝

日本 YKK 集团创始人吉田忠雄告诫年轻的管理者：“如果我们能

替别人的利益着想，那么，我们的事业才能繁荣，我们的事业繁荣了，就会给更多的人带来利益。”

在激烈的市场竞争中，消费者的很多实际需求并没有得到满足，这就要求企业管理者能够真正地把消费者放在首位，围绕消费者的需求做文章，为产品增添新的亮点，不断地开发符合顾客需求的新产品。

一个女孩正在繁华的商业区逛街买衣服。她觉得又热又渴，于是买了一个纸包装的甜筒冰淇淋。当女孩把冰淇淋上的包装纸撕去一半的时候，她有点犹豫，不知道应该把冰淇淋上的纸全部撕掉，还是应该先撕一半。如果把包装纸全部撕掉，手难免被弄脏，洗手不方便，逛服装店的时候就不能用手去摸衣服了，但是不全部撕掉，若一时找不到垃圾箱，还得把黏糊糊的包装纸拿在手里。

这样的情景在街头到处可见，但很少有企业会关注这一细节，只有意大利一家冰淇淋公司的市场调查人员把问题记录了下来。

这家公司的相关人员认真研究了这个问题，认为自己的公司有必要为消费者提供更贴心的产品。于是，他们重新设计了一种新的包装方法，即可以像挤牙膏一样将冰淇淋一点一点地挤出来，吃多少，挤多少，这样既不会让手指碰到冰淇淋，也不再需要没完没了地撕包装纸。

结果，这种新产品刚一上市，便受到广大消费者的喜爱，一时间供不应求。抢占先机，才能胜券在握。企业要努力把握消费者的需求，并把这种需求迅速地转化为适合的产品。

美国沃尔玛公司创始人山姆·沃尔顿常说：“我们的经营理念有两条，第一条是顾客永远是对的；第二条，如果对此有疑义，请参照第一条执行。”

一手缔造了沃尔玛帝国的山姆·沃尔顿深信“为顾客节省每一分钱”的经营理念是他成功的根本，所以他在自己一生的经营中执着地坚守着这一原则。他认为：“为顾客节约一美元，就为商家多赚一美元。”这种思维最终成为了沃尔玛公司企业文化的基础。

有一笔生意使山姆·沃尔顿终生难忘。纽约一位叫哈瑞维纳的人经营着一家采购服务公司，这是一种非常简单的业务。他们访问各种不同的服装制造商，然后列出他们要卖的货物清单. 当某个人给他一份订单后，他们就把订单交给有关工厂，并从中收取5%的佣金，而当时普通的批发商要收取25%的佣金。

山姆·沃尔顿认为，正是哈瑞维纳为他上了第一堂课。“哈瑞维纳当时以2美元的价格出售一打女式内裤。而我们从别处购买同类产品要2.5美元一打，然后再以1美元3条的价格卖出。如果我们从哈瑞维纳手中以2美元一打买进，就可以1美元4条出售，这等于是为我们的商店做了一次大型促销。”

于是，山姆·沃尔顿从哈瑞维纳手中进了货，并按照他的想法做了非常成功的促销活动。他也明白了一个简单的道理：“你可以降低标价，但赚取的钱会更多，因为销售量增加了。”这最终改变了超市零售和顾客购买的方式。通过低价销售，让利于顾客，成了沃尔玛公司腾飞的重要手段。

山姆·沃尔顿不允许自己的员工在价格上弄虚作假。比如，一件进价只有0.5美元的商品在其他商店要卖到1.98美元，但是在沃尔玛只卖0.65美元，有经理说：“我们何不以1.25美元出售呢？”而山姆·沃尔顿却说：“我们只付了0.5美元，那么我们只需在此基础上增加30%出售就可以了。无论你为它付出了多少，如果我们得到很多利润，就要将它转移给我们的顾客。”而沃尔玛一直是这样做的，因此，它成了全球最大的零售企业。

一家企业的经营状况是否良好取决于企业的相关利益者是否满意。这些相关利益者包括企业管理者、员工、顾客、股东、供应商以及服务商等，而其中员工的满意度和顾客的满意度是最为重要的。

美国百货业巨头西尔斯公司(2005年与凯玛特合并)发现，员工满意度的调查结果同客户满意度的调查结果密切相关。员工满意度越高，工作热情也就越高，为顾客提供的服务就越好，这样就能提高顾客的满意度，从而为企业带来更多的利润；而顾客的满意度反过来又能影响员工的满意度，让员工获得奖励和成就感，从而更加热情地工作，为顾客提供更好的服务；两者相互影响、相互促进，就如同照镜子一样。

美国福特汽车公司创始人亨利·福特说："一般来说，一个管理良好的企业，与其相关的人都会感到满意。如果公众、企业员工、企业所有者都对企业的运行不满意，那么这个企业的运行方式一定存在着非常严重的错误。"

员工满意主要是指对工作是否满意，包括薪酬、学习、晋升、环境、岗位、企业的承诺等各个方面。员工满意度调查、员工面谈、员工服务热线等都是了解员工满意度的有效手段。当员工通过招聘进入企业之后，企业就要为员工提供一个合适的岗位和一份满意的薪酬，对员工实施全面培训，不断提升员工的能力并给予他们晋升的空间。同时，企业还要帮助员工树立职业自豪感，让他们感受到应有的尊重。

顾客满意是一种心理活动，是顾客的需求被满足后的愉悦感，来源于顾客对企业的某种产品或服务所产生的感受与自己的期望之间的对比。对于任何企业而言，顾客满意是至关重要的，只有顾客满意才会持续产生购买行为，最终成为忠诚的顾客。这样，企业才能获得更多利润，实现可持续发展。而企业要想让顾客达到满意，就必须对顾客进行有效管理，努力满足顾客的切实需求。

第四章 云管理离不开执行力

行动会产生结果，行动是成功的保证。任何伟大的目标、伟大的计划，最终必然会落实到行动上才能实现，行动是完成计划奔向目标获得成功的保证。只有行动才能将心动的想法转变为现实，从而实现自己的宏伟目标和远大理想。

执行力越强管理越好

平安集团股份有限公司董事长马明哲提醒年轻下属：核心竞争力就是所谓的执行力，没有执行力就没有核心竞争力。中国富士康集团总裁郭台铭也说过："所谓执行力，就是速度、准度、精度、深度、广度的全面贯彻，说穿了，执行力就是看你有没有决心。"

没错，执行就是实现既定目标的具体过程，是目标和结果之间不可或缺的一环。执行不只是一种单纯的行为，更是一种系统的方法。而执行力就是一种把想法变成行动，把行动变成结果，从而保质保量完成任务的能力。

有了任务和目标，管理者和员工就会面临如何去执行的问题。执行某项任务，结果是最重要的。如果一个人连自己最基本的工作都不能做到令人满意，那么只能说明他缺乏必要的执行力。

执行，是一个自上而下的动态过程。在进行战略执行时，企业的高层要在达成一致的基础上制定企业的战略目标，然后将目标传达给各部门的管理者和员工，并分解到各项工作当中加以落实。在落实过程中还需要基层的不断反馈，并据此做出有效改进。

战略在执行前只是人们头脑中的想法或是纸面上的文字，而战略执行则是将企业的战略转化为行动，将行动转化为结果。许多企业的失败不是战略上的失败，而是执行上的失败。因此，战略的执行比战略的制定更加重要。

战略执行包括以下四个相互关联的阶段：

（1）启动阶段

管理者需要思考如何将所制定的企业战略变成企业员工的行动，如何调动全体员工执行战略的积极性和主动性。在此阶段，企业还要对管理者和员工进行培训，向他们灌输新的战略思想、传达新的战略目标，以减轻战略执行时的阻碍。

（2）计划阶段

管理者还要制订出完善的战略执行计划。计划可以将战略的执行过程分解为几个阶段，每个阶段都要制定与之相匹配的目标、措施和策略以及相应的方针，另外，还要对各阶段进行统筹规划、全面安排，制定出每个阶段的时间表。

（3）运作阶段

战略执行与各级管理者的素质和价值观念、企业的组织机构、企业文化资源结构与分配、信息沟通、控制及激励制度这六个因素息息相关。这六个因素能使战略深入到企业的日常经营活动当中，成为制度化、流程化的工作内容。

（4）控制与评估阶段

在战略执行过程中，周围的环境在不断地发生变化，这就要求管理者加强对执行过程的控制和评估，以保证执行能够顺利完成。在控制和评估阶段，管理者的主要任务是建立控制体系，对执行过程进行监督和评价，以及及时发现问题、解决问题并实施改进。

公司总经理在周一上午吩咐秘书："我要开个会，让营销部黎经理、生产部章经理和财务部刘经理参加，这星期哪天都行，你去安排一下！"

秘书先去问黎经理："黎经理，总经理要召开会议，您哪天有时间？"黎经理看了一下自己的行程，说："我明天要去省城参加一个产品推荐会，其他时间均可。"

秘书又到生产部的办公室，结果章经理不在，问其秘书才知道他正在出国考察，周四上午才能回来。

秘书又去找财务部刘经理，刘经理说："我周四下午需要与供应商对一下账目，其他时间都可以。"

秘书跑回总经理办公室说："总经理，黎经理明天要去省城参加一个产品推荐会，其他时间都可以。"总经理看了秘书一眼没说话，秘书接着说："章经理出国考察，得周四上午才能回来。"总经理眉头紧蹙，问："那会议你给安排到什么时候了？"秘书说："刘经理周四下午需要与供应商核对账目，所以我还没想好，听您的意见！"

总经理一听，非常恼火，对秘书说："这一点小事也要我来决定吗？"秘书的脸红一阵、白一阵，总经理接着说："他们周五不是都能到吗，就安排在周五，多简单的事，我已经说过本周哪天都行，还啰啰唆唆的跟我说那么多！"

对结果负责，才是对工作负责。一个没有在工作上做出结果的人就只能有苦劳，而没有功劳，结果才是执行力的根本体现。

很多企业存在这样的问题，领导所想的和员工所想的往往不能得到有效的统一，由此导致执行力缺失，无论战略蓝图多么宏伟或者组织结构多么科学合理，都无法发挥其本身的威力。史玉柱曾说过："现在许多企业，战略是正确的，但没有做起来，就是因为缺乏真正有执行力的人。执行力是企业战略正确之后的决定因素。"

提到华为的执行力，总让人联想到任正非的军人背景，因为连李一男当年领导华为中央研究部时的口头禅也是军人常说的"令行禁止"。也许因为中国人受儒家文化的浸染，人情往往大于法制、规章，导致执行力下降，军事化管理利于规避人情问题，提高效率，强化执行力。军事化管理是华为成功的一大法宝。

任正非曾经说过："企业文化的实质就是员工的行为文化。"而在一个组织内部，员工的行为在很大程度上受到其上级的影响。任正非通过自己的行为影响到高级管理者的行为，而各级管理者又将这种行为习惯层层传递下去。

1998年，IBM顾问刚开始在华为进行IPD概念导入培训时，许多员工竟趴在桌子上睡觉，一部分领导干部也经常借故迟到早退。有些员工还没搞明白"集成产品开发"到底是什么，就开始提出各种各样的问题，要么质疑IPD是否适合华为，要么就直接告诉顾问，我们的流程比IBM的还要先进。

任正非的领导行为此时发挥了强大的作用，他在IPD第一阶段总结汇报会上说："中国人就是因为太聪明了，五千年都受穷。日本人和德国人并不聪明，但他们比中国人不知要富裕多少倍。中国人如果不把这个聪明规范起来，将是聪明反被聪明误。""我们要先买一双美国鞋，不合脚，就削足适履。"在这次讲话中，任正非第一次明确了管理变革的三部曲，就是要先僵化、后优化、再固化。在开始的两三年内以理解消化为主，之后再进行适当的改进，从而将艰难的管理变革持续地推进下去。

领导行为决定下属行为，华为人的低调务实、执行力强，与任正非的行为典范有着直接的关联。对于这次"变革"让人不由想起我国著名将帅在军事方面的一句名言："理解的要执行，不理解的也要执行，在执行的过程中加深理解！"对一个组织而言：执行力就等于战斗力！

有一天，IBM的老板沃森早上上班时被门卫拦住，要求其出示证件。沃森那天要开一个紧急会议，恰好没有带证件。沃森的司机下车后向门卫吼道："不知道车里是谁吗？这是公司的老板。"门卫坚定地说：“我知道他是老板沃森，所以我要求他出示证件。”这时，沃森对司机说：“他是对的，我们回去取。”沃森不但没有责怪这个门卫，反而表扬了他，因为他是一个执行力很强的人，只有执行力强的人才会遵守公司的制度。

比尔·盖茨说，在未来的10年内，我们所面临的挑战就是执行力！一个企业的执行力如何，将决定企业的兴衰。一个好的企业战略要靠执行，而执行要靠严格的制度。如果没有严格的制度，那无论什么战略都进行不下去了。

很多企业不是没有制度，也不是不知道执行制度的重要，可是，制度到了能人或高管那里就不好使了，是因为人们的思想中有太多的“人治文化”。而破坏制度的人往往是高管和制定制度的人，因为他们的权力可以凌驾于制度之上，在所有人眼中都是可以不用遵守制度的。试想，领导都没有以身作则，那些员工凭什么来服从你。所以说，如果有了正确的构想，就要完全地去遵守，这样才能提高执行力，而员工们见到领导都在做了，自然就不会不服从了，因而整个企业就有了很强的执行力。

联想总裁柳传志也认为执行力非常重要，他说：“决定一个企业成功的要素有很多。其中，战略、人员与运营流程是核心的三个决定性要素。如何将这三个要素有效地结合起来，是很多企业经营者面临的最大困难。而只有将战略、人员与运营进行有效的结合，企业才能取得成功，结合的关键则在于执行。”

而且柳传志认为，部队的执行能力强是因为用的是行政命令体系，这一体系虽然与企业不同，但企业要想获得成功同样需要强大的执行能力。有一件小事就可以看出柳传志所塑造的联想集团的执行力，柳传志规定联想开会迟到必须罚站，多年来无一人例外，柳传志自己也被罚过三次。所以说，领导自己遵守制度，执行力强，那就会带动整个企业的执行力。

在日益激烈的竞争环境下，提高企业的执行力已经迫在眉睫。要提升企业的执行力，首先要做到明确管理层的责、权、利。管理层责、权、利是否明晰对执行力的影响较大，不同层次的管理者应拥有权力、利益，应与其承担的责任密切相关。有的企业在管理过程中，担心给予个人的权力过大而难以控制管理局面，有意识地形成一种监督机制。由于监督者汇报的情况和被使用者汇报的情况有一定的出入，经常会出现信息不对称，由此矛盾就产生了，被使用者无法坚持工作，逆反心理增强，此时的执行力为“零”。

另外，企业管理模式与企业领导人的品质息息相关，好的管理体制在结构上有一个合理、恰当的设计，可以激发出领导人和员工身上的企业家能力。但不论何种管理模式，企业领导人必须努力营造管理执行力的有效氛围，才能形成具有有效执行力的管理团队。

“重要的不是你能实现什么，而是你怎么实现。”这是美国苹果公司创始人、CEO 史蒂夫·乔布斯的一句口头禅。

事实的确如此，执行需要出色履行，然而这说起来容易，做起来却非常困难。因为，很多人在执行过程中存在一些错误倾向，而这些错误倾向严重影响到了执行，使得执行的最终结果变得一团糟。只有克服这些错误倾向，才能做出令人满意的成绩。

管理就是提高决策能力

美国克莱斯勒汽车公司前总裁李·艾柯说：如果我必须用一个词扼要叙述是什么造就了好的经理，我会说是决策能力。澳大利亚新闻集团董事长兼 CEO 罗伯特·默多克也说过："一个强有力的公司就不能设置好几个委员和一个董事会，然后事事必须请示董事会。"

所谓决策，就是在领导工作中对未来行动的目标、途径和方法做出选择和决定。决策是做工作的开端和前提，对管理者而言，没有决策就不能展开工作。管理者的决策能力，直接决定着工作的效率和成败。

决策能力是根据既定目标认识现状，预测未来，决定最优行动方案的能力，是管理者的素质、知识结构、思维方式、判断能力和创新精神等在决策方面的综合表现。决策能力是管理者必备的能力。管理者的决策能力一般由各种问题解决方案的提炼能力、对未来的预测能力及对最终方案的判别和决断能力等方面构成。

决策应果断。决策时左右摇摆，举棋不定，容易丧失良机，无果而终。下面这个故事就很好地说明了这一问题。

一头饥饿中的驴子同时发现了两堆粮食，一堆在东面，一堆在西面，驴子在两堆粮食中间。它先向东面跑去，当它到了粮食堆附近时，发现西面的粮食更多，于是放弃了东面的粮食而奔向了西面。

当它来到西面时，结果发现还是东面的多，然后又返回往东面跑。

如此几个反复，当它再也没有力气时，它恰好处于两堆粮食中间。由于哪堆粮食都吃不到，最后饿死了。

有的人非常擅长于思考，但是他会因为想得太多而犹豫不决，不能立即做出决策，以至于最后一事无成。

决策是一个企业发展的关键步骤。管理者的果断决策能够挽救一个濒临倒闭的企业。克莱斯勒公司是美国三大汽车公司之一，由于经营不当，产品积压，负债累累，曾经濒临破产。当时的克莱斯勒公司董事会聘请了在汽车界拥有丰富管理经验的李·艾柯卡担任公司的总裁。受命于危难之际的艾柯卡果断决策——立即改进车型设计，结果只用了三年时间就使克莱斯勒公司恢复了元气。

再好的决策也经不起拖延。管理者在做决策时要及时、果断，来不得半点犹豫，否则就会错失良机。

作为领导者，在其综合素质上，有三方面是属于核心能力的，即决策、用人、专业。而这三方面侧重点又各不相同：对于领导者来说，最重要的是决策，占 47%；其次是用人，占 35%，专业只占 18%，市场就如同一个没有硝烟的战场，同行业之间的竞争已经发展到了白热化的程度。谁在经营管理决策上善于筹谋、具有前瞻性，谁就有可能在市场上领先一步，抢占到制高点，并保持永不落后于市场的结局。而相反，如果目光短浅，只顾眼前，缺乏长远思想和深谋远虑，其结果只能是永远当“追随者”，永远在别人后面当“跟屁虫”。

做决策的目的，就是要能够把事情做好——通过别人来完成某些事情，产出想要的结果。如果我们想要有更好的结果，就需要做出更好的决策；而想要做出更佳的决策，就需要做更多的思考。

其实，生活中每个人都是个决策者，日常生活的各个面向都需要做决策。人们经常要面临许多决策，尤其对身为管理者的年轻人来说，更是如此。管理者的级别越高，做的决策越重大。决策越重大，其影响就越深远。如果重大决策出现失误，那无疑会使员工的努力付之东流，使企业的财力、物力都遭到损失。管理学上有一句名言：一百个行动也无法挽救一个错误的决策。

诺贝尔奖获得者罗伯特西蒙教授说：“管理就是决策。”拿破仑说：“做决定的能力最难获得，因此也最宝贵。”有专家认为，企业经营管理者每天都必须对企业面临的各种问题做出决策——在复杂多变的环境中，管理者必须在信息不充分、情况不确定的情况下做出影响个人和企业命运的决策。在这种情况下，个人和群体的决策心理和行为方式对决策起着无形而巨大的影响，识别决策的心理效应、跳出决策的心理陷阱、改善决策的心理过程是提高不确定性决策效果的关键。

我们知道，企业发展中的问题就像一棵树，树杈长在树干上，树枝长在树杈上，树叶长在树枝上。树干问题是树的基本性问题，树干长歪了树杈、树枝、树叶都跟着歪，树干长正了树杈、树枝、树叶都跟着正。对企业发展中的树杈、树枝、树叶性问题决策错一点不会出现大问题，对企业发展中的树干性问题决策错了就会蒙受重大的损失。

古人说："凡事谋定而后动。"在一个企业中，树叶性的问题数以万计，树枝性的问题数以千计，树杈性的问题数以百计，树干性的问题可就不多了。上面已经说到，树干性的问题虽然不多却非常重要。所以，我们应该对古人的这句话做一下修正，即修正为"凡大事谋定而后动"较好，修正为"凡大事谋好而后动"就更好了。"谋好"就是要做到科学。好决策是艺术和科学的结合。

芬兰诺基亚公司前董事长兼 CEO 约玛·奥利拉说："企业的反应速度在企业信息传播正常的情况下，遇到的瓶颈往往是决策。"

作为年轻的管理者一定要知道，决策不仅仅是一个点，更是一个过程。企业中的众多决策不仅仅是管理者们力挽狂澜的灵感乍现，还是经过信息收集和认真分析之后的综合判断。

那么，怎样做出科学正确的决策？科学正确的决策方案有没有切实可行的方法来执行？一个决策在执行时，有没有正确的工具来支持它完成，以达到企业绩效的提升？决策实施过程中，决策的风险又是怎样来管理与防范的呢？这些都是管理者要充分考虑的问题。要对这些问题做出科学的回答，管理者必须不断提高自己的决策能力，而决策能力的提高需要从以下五点入手。

（1）增强自信。

决策都是自信和判断力的结合，而自信是决策的第一要义。拥有自信心是具有决策能力的管理者明显的心理特征。没有自信的管理者根本不可能做出完美的决策。因此，管理者要敢于迎难而上，不断增强自信心。

（2）拓宽知识面

要做出一项较为完善的决策，需要掌握丰富的信息、熟悉大量的资料，所以，管理者必须拥有广博的知识，既要掌握自然科学、社会科学和管理科学的一般知识，又要掌握一定的交叉性、综合性学科的最新知识。

（3）克服从众心理

有的时候，管理者的决策会被周围人的意见和态度左右；还有的时候，管理者考虑最多的并不是决策是否足够好，而考虑决策是否能为企业大多数员工所接受。这就是管理者的从众心理在作祟，而要保证决策有效，管理者就要挣脱思想束缚、克服从众心理。

（4）培养创新精神

进行非程序化决策、特殊决策尤其需要创新精神。如果管理者缺乏创新精神，就可能不喜欢一些激进的想法，在一些有关创新问题上的决策就会偏于保守。因此，管理者必须开阔思路、勇于创新，并能在决策过程中随机应变。

（5）保持科学态度

决策要尊重科学和事实，决策的程序和结果都必须保证其科学性。因此。管理者要保持科学的态度，做到不唯上、不唯书、只唯实；还要学会科学决策，即能够凭借科学思维，利用科学手段和科学技术进行决策。

知道更要做到的独特思维

日本索尼公司创始人盛田昭夫说："世上有好点子的人很多，但有勇气把好点子付诸实践的人很少。我们所做的只不过是一心一意地把它付诸实践而已。"美国福特汽车公司创始人亨利·福特也说："理念就其自身来说、有着不同一般的价值，但理念毕竟是理念。几乎每个人都可以想出一个不同的理念——重要的是把它运用到实践中去。"

在现实生活中，大多数人都是知之多于行之。没有主动去运用自己所拥有的才能，努力提高自己的执行力，而是热衷于耍小聪明、纸上谈兵，有了想法却不去做，遇到了什么问题也只能束手无策。下面的故事就是很好的启示。

森林中，一只狐狸和一只猫碰面了，它们聊了起来。狐狸问猫："你有多少种逃生本领？"我只有一种本领，就是爬到树上藏起来保护自己。"猫谦虚地说。

"就这本事？"狐狸不屑地说，"我知道上百种本领，而且还有满口袋计谋。我真觉得你可怜，跟着我吧，我教你怎么从追捕中逃生。"

就在这时，猎人带着四条狗走近了。猫敏捷地窜到一棵树上，在树顶上蹲伏下来。"快打开你的计谋口袋，狐狸先生，快打开呀！"猫冲着狐狸喊道。可是狐狸已经被猎狗扑倒在地咬死了。

尽管知道千百种逃生的本领，但在需要用的时候却一种也使不出来的狐狸无异于那些头脑中充满想法，却不能有效执行的人。

企业中不缺少雄韬伟略的思想家，缺少的是精益求精的执行者。

执行需要把思想转化为行动，把想法转化为成果，只侃侃而谈而不积极行动根本不可能获得任何结果。那么我们到底要如何才能让自己从知道发展为真正地做到呢？事实上，一个人要从“知道”升华为“做到”需要经过知识、态度和行为这三个层面的转变。

2004年在北京举办的“杰克·韦尔奇与中国企业高峰论坛”上，中国的企业家曾这样问杰克·韦尔奇：“我们大家知道的都差不多，但为什么我们与你们的差距那么大？”

杰克·韦尔奇的回答是：“你们知道了，但是我们做到了。”

这个答案简单得出人意料，但却道出了执行的真谛：知道更要做到！其实这是在说，想法重要，但是将想法变成行动更为重要。

执行力是左右企业成败的重要力量，是区分企业平庸与卓越的重要标记。执行力不强，企业的理念、思想、决策、目标就得不到完全的贯彻落实。

在很多企业里，执行力不强的现象随处可见。比如说制度定了很多，但不执行或者执行不到位的现象普遍存在。产生不执行或者执行不到位的根本原因就是在操作和执行过程中没有认真，对很多不规范，甚至违规现象习以为常，熟视无睹。对不少违反企业规章制度，行为规范的人和事大事化小，小事化了，最后不了了之。给员工形成这样的印象，说的和做的可以不一样。

微软公司创始人比尔·盖茨说，微软的哲学是，点子和想象都很重要，但是真正使公司有所区别的还是实施情况。这时候，你可以大规模生产，跟踪产品价格，看怎样能赚取更多的收入。

因此，作为企业管理者除了具备“知道”的能力以外，还要有较强的执行能力，也就是我们平时所说的“做”的能力。具体表现在：

1. 统率力——评价是否具有统率力，主要看会不会做计划，看所有的管理是否建立在事前计划的基础上。

2. 预见力——再好的计划在执行中也会遇到问题，必须有问题意识。“着火”后找水，谁都能做到，而管理者的责任是预防“着火”。

3. 协调配合力——各部门是平级的，平级能否主动配合，是考核中层管理者是否具有管理水平的重要标准。两个平级管理者遇到问题总是让上级裁决，就是没有协调配合力的表现。

4. 培育部下的能力——看一个部门要看群体能力，管理者有责任使每一个部下不断得到提高。部门中的权力必须下放，但管理者的责任不能下放。本部门的每个成员都能够受命代表本部门出去洽谈业务，但出了问题，责任是管理者一个人的。

在一个寒冬腊月的傍晚，山南的狗熊和山北的兔子在冰天雪地艰难觅食时碰面了。在饥寒交迫中，它们赌咒残酷的现实，抱怨生活对它们的不公平，并描绘了各自美好的未来。

“再也不能这么过了。”狗熊有气无力地说，“冬天一过，我就要种一块地的玉米，到秋天准能收获很多玉米棒子，我把这些玉米棒子挂在山洞里存起来，就不会在来年的冬天再这么狼狈了。”

“再也不能这么过了。”兔子无精打采地说，“冬天一过，我就要种一块地的胡萝卜，到秋天准能收获很多胡萝卜，我把这些胡萝卜藏在地窖里存起来，就不会在来年的冬天再这么痛苦了。”

转眼间又一个冬天到了，山南的狗熊和山北的兔子再次在雪地重逢。狗熊没提种玉米的事，兔子也没说种胡萝卜的事，它们只是礼节性地打了招呼，便各自四处觅食。原来，狗熊在春天的时候成天在山上忙着采食鲜美的蜂蜜，种玉米的事儿早就被它抛在脑后；兔子在春天倒是下了胡萝卜的种，但是在炎热的夏天它却懒得在太阳下给胡萝卜苗浇水，结果没过几天胡萝卜苗全旱死在田里了。

虽然狗熊和兔子都想到了如何让自己活得更好的办法，并对自己做出了计划但是它们要么没有采取实际行动，要么没能坚持做下去。这样它们注定又要遭受一次饥寒交迫的煎熬。

故事虽短但却告诉了我们一个很深的道理：就是当你有了一个好的想法时，你就要将自己的想法付诸实践并且把它执行下去，只有这样你才能到达成功的彼岸。如果只是空有梦想而不去落实，那么梦想永远只能是梦想。天上是不会掉馅饼的，这是我们必须接受的事实。不管干什么事情，梦想和落实都是一个成功者不可缺少的必备条件，两者缺一不可。眼高手低是只想不干，只有思想没有行动，最终落得个纸上谈兵；埋头苦干则是只干不想，失败了重来，天天忙得焦头烂额，这更是不理智的。无论在工作中还是生活中，我们只有踏踏实实地落实，才是最实际的，最理智的。

总之一句话：想法再好，最终还是看结果。有时候，理论是好的，实战中却得不到有效的贯彻，这就是执行力不够。做企业是这样，个人发展也是如此。

第五章 云管理就是正确授权

优秀的领导，懂得领导艺术，善于用权。他们总是信任下属，主动授权；他们更懂得群策群力、民主决策。因此，他们总是深受部属的喜爱和拥戴。

管理者应善于授权

美国思科公司董事会主席兼 CEO 约翰·钱伯斯曾经这样说：“很久以前我就学会了如何放手管理。你不能让自我成为障碍，成为一个高增长公司的唯一办法就是聘用在各自专业领域里比你更好、更聪明的人，使他们熟悉自己要做的事情，要随时接近他们，以便让他们不断听到你为他们设定的方向，然后，你就可以走开了。”

管理者只有具备了较强的授权管理能力，才能在管理中不必事必躬亲，从而省出时间和精力去做更重要的事情。正如美国标准石油公司创始人约翰·D·洛克菲勒所说：“要物色这样一个人，他能够完成你所需要他为你完成的具体任务，然后就放手让他去做。”

孔子的学生子贱有一次奉命担任某地方的官吏。他上任以后，经常弹琴自娱，不问政事。可是，他所管辖的地方却治理得井井有条，民兴业旺。

这使那位卸任的官吏百思不得其解，因为他每天勤勤恳恳，从早忙到晚，也没有把那个地方治理好。于是他请教子贱：“为什么你逍遥自在、不问政事，却能把这个地方治理得这么好？”

予贱回答说：“你只靠自己的力量去治理，所以十分辛苦；而我却是借助下属的力量来完成任务。”

卓越的管理者不一定能力有多强，但要懂得用人，懂得授权，懂得团结一切可以团结的力量，懂得通过他人来达成自己的目标。因此，管理者需要把最合适的人放在最合适的岗位上，然后授权给他们，放手让他们去做。

授权的意义重大，从短期来看，授权影响工作的顺利开展；从长远来看，授权决定着企业的兴衰成败。通过授权能数十倍、数百倍地扩大员工的发挥空间，这种空间赋予员工的是尊重，是信任，是权力，是机遇，是创新和自我超越；而赋予管理者的是绩效，是成功，是远大的前景。

日本松下电器创始人松下幸之助指出：我公司要求各级领导人一定要充分授权，使每一阶层的人都能够本着企业整体的目标和方针，发挥自己的智慧，自行在负责的业务中做决策，大胆地开展活动。只有在面临自己无法独立解决的困难时，才可向上级请求支援。

的确，优秀的管理者在用人上必须懂得用人不疑。是否能出色地完成工作取决于是否信任下属，是否放权。为什么授权这么重要。因为通过授权，你可以提高自己的工作效率；你可以专注于更重要的工作，而不是陷入费时费力的大事小情不能自拔；与此同时，你还可以培养手下的员工，让他们成为更有价值的工作者。

但授权并非一件简单的事。你肯定听到过这样的建议：在可能的情况下放权。但是，如果相关工作没有做好，放权可能带来适得其反的结果。

制度一建立，授权的问题就解决了吗？不是这样的。因为授权包括两部分，一个是制度，另一个是能力，许多成功的授权表明，没有能力相匹配的授权，工作还是不能按预期完成。

一个公司的制度对于授权有没有帮助？有帮助，而且很多公司的制度都能够体现授权的思想，像权限、监控、财务审批、合约权限等，这些都可以透过制度来保障，但制度无法体现个人能力。

一位企业界管理名人曾说过：“一个公司最大的不幸就在于有才不知、知而不任和任而不用。”这恰恰就说明了用人的最高境界：管理者应该充分向员工授权，尤其是向那些有能力、有专长的员工授权，让他们在所在的领域或岗位上发挥特长，并为自己所做的事负责。

没有哪一个管理者精通企业所有的领域，当然繁忙的事务也不允许他们事事躬亲。在企业管理中，授权成为现代企业充分利用人才的一种重要手段。通过授权能使员工打破常规陋习，把自己的才能最大限度地发挥出来，同时出于对企业的感激，自觉效忠企业。这样，员工的主动性和创造性得到充分发挥，企业也做到人尽其才。

为了企业更好地发展，管理者应该适时大胆启用精通某一行业或岗位的人才，授予其完成任务所需的充分的权力，使其具有自己独立判断并做出决定的自由，能够对自己的工作负责。这也是实现企业适应潮流发展，涉足多元化经营并取得成功业绩的必然要求。

三国时代的诸葛亮与司马懿在街亭对战，马谡自告奋勇要出兵守街亭，诸葛亮心中虽有担心，但马谡表示愿立军令状，若失败就处死全家，诸葛亮才勉强同意他出兵，同时指派王平将军随行，并交代在安置完营寨后须立刻回报，有事要与王平商量，马谡一一答应。

可是军队到了街亭，马谡执意扎兵在山上，完全不听王平的建议，而且没有遵守约定将安营的阵图送回本部。等到司马懿派兵进攻街亭，围兵在山下切断粮食及水的供应，使得马谡兵败如山倒，重要据点街亭失守。事后诸葛亮为维持军纪而挥泪斩马谡，并自请处分降职三级。

这里的问题不是出在制度上，关键还是人的问题。成功的秘密不在于自己完成工作，而在于组织合适的人选完成工作。因此，授权需要深思熟虑，需要分配恰当的人选去完成挑战性的任务。诸葛亮用马谡去守街亭，就是一种用人的失误。马谡这个人轻视敌人、一意孤行，完全违背上司的旨意。

如何控制授权的风险？把握好授权的程度，做到合理的授权是极其关键的。

不要把授权与安排员工完成本职工作混为一谈。真正的授权通常是将你的部分工作交由他人去完成，接受授权的人既承担责任也有权做决定。授权也不是“甩包袱”。有些管理者认为，一旦授权他人去完成某项任务，自己将不再对此负责。

然而，将责任和权力交付给员工是有局限性的，最终负责任的还是你——无论你是否了解这一点。而且，员工要是觉得你扔过来的是他最讨厌干的工作，他可能还会产生不满情绪。合理授权，必须懂得哪些工作适合授权，企管必须懂得授权的工作和应该授权的工作以及可以授权的工作和不应当授权的工作。

一般员工对于职责，对于自己该做什么不该做什么的理解，往往是在到公司一段时间以后，让他干的是什么，他就认为他的职责就是什么。那时，因为他还不能干，这份差事不是由上级代劳，就是交给该部门有能力的人。别人替他干了活，他不但不知道，甚至还不领情。

在这里，还有一个不好的结局：时间长了，有能力的人做越来越多的工作，没能力的人的活越来越少，导致下属忙的忙死，闲的闲死，这就是职责和能力不匹配造成的。

授权是一门学问，管理者决不能因为部下犯了一两次错误而失去对他们的信任，只有相信部下，合理地授权，才能让他们更加忠心，工作得更加努力。

对于一些有一定创新的工作，管理者应当授权不授责：干好了，你的；干砸了，我的！这是因为创新中的风险和收益不对称。只有把承担的权力与责任分开，下属才敢冒风险，并全力以赴，乃至出色地完成任务。

总之，管理者对员工的授权应遵循以下四项原则：

（1）信任是前提

用人不疑，疑人不用。在授权中如果拒绝播撒信任的种子，无论管理者如何努力，也无论员工如何耕耘，都难以结出成功的硕果。聪明的管理者应该敢于放权，不但信任，而且要把这种信任传递给被授权的下属。在授权中信任是挖掘员工潜能必不可少的条件。

《贞观政要》中记载了齐桓公与管仲的一段对话。齐桓公有志于称霸天下，向管仲请教如何防止有害于霸业的行为。管仲回答："不能知人，害霸也；知而不能任，害霸也；任而不能信，害霸也；既信又使小人参之，害霸也。"可见，在大政治家管仲看来，对人才的使用和信任是同等重要的。

管理者要授权给下属，就要对其充分信任。受到管理者信任的下属，能够放手做事，竭尽全力为企业做出自己应有的贡献。孙权不被流言蜚语所迷惑，充分重用诸葛瑾就很好地说明了这一点。

东汉末年，天下大乱，诸葛亮于隆中躬耕陇亩，后经刘备"三顾茅庐"出山为其所用；其兄诸葛瑾（字子瑜），避乱江东，被人推荐给了孙权，受到了重用。这引起了一些人的嫉妒，背后中伤他明保孙吴，实际上是被他弟弟诸葛亮所用，暗通刘备。一时间谣言四起，满城风雨。

孙吴名将陆逊善明是非，他听说后非常震惊，当即上表保奏。声明诸葛瑾心胸坦荡，忠心事吴，根本没有不忠之事，恳请孙权不要听信谗言，应该消除对他的疑虑。

孙权说道："子瑜（诸葛瑾）与我共事多年，亲如骨肉，彼此也了解得十分透彻。对于他的为人，我是知道的，不合道义的事不做，不合道义的话不说。他高贵的品格，怎么会出现那种流传中所说的事呢？可以说，我和子瑜已经是情投意合又相知有素的朋友，绝不是外面那些流言蜚语所能挑拨得了的。子瑜是不会负我的，我也不会负子瑜。”诸葛瑾听到这番话以后，非常感动，从此对孙权更加忠心耿耿。

信任是一种资本，也是一种财富。由此看来，一个公司治理效率提高的关键就在于信任关系的构建。所以，企业管理者不仅要做到知人善任，更要做到用人不疑。

（2）授权要有度

管理者授什么权、授多大的权必须有一定的限度，超出这个限度，授权要么无效，要么达不到授权的目的。能力高者，授予的权限应该大些，反之则相对较小，总之不可盲目机械地硬性授权。

管理者要做好授权工作，应当懂得以下几点：

①考察候选人的兴趣、优点、专长。在这三方面中，员工起码要有两个方面表现突出，你才可以将任务交给他。

②进行“我不在场”的测试。找出你工作中的关键环节，以及如果你不在时谁能够担负起这些责任。

③让能胜任的人来做。挑选出一些工作，让能够独当一面的员工来独立完成。

④根据任务确立明确的目标和期望。确保员工理解任务本身的意图、目标以及你用来判断成功的业绩标准。不能含糊不清，要设定明确的期限。但是不要详细说明达到目标的方法，让员工自己去发现如何过关。

⑤检查工作进展状况。设定控制和检查机制，以监督员工的工作进展状况。

⑥采用事先标准而不是事后标准。事先有一把尺子，结果我们事

先谁也不知道那把尺子是什么，事后才知道，人家对我不满意，是因为我不关心集体。所以应该采用事先标准而不是事后标准，一旦工作有问题，才能有效找到根源，避免扯皮现象的发生。

（3）正确对待错误

人非圣贤，孰能无过。下属犯错误往往在所难免，尤其是在授权之初。如果管理者不允许下属犯错误，被授权的下属则会更多地倾向于循规蹈矩，不敢创新。很多时候，下属没有正确地完成授权任务很可能是授权不充分或控制不当。

（4）授权不是授责

许多管理者都认为授权的同时要授责，这是一个误区。授权仅意味着管理方式和工作方式的转变，它只是把一部分权力分散给下属，而不是把同“权力”相对应的责任也分散下去。

美国管理学家艾德 . 布里斯说过“当你授权的时候，要把整个事情托给对方，同时交付是足够的权力让他做必要的决定”。作为管理者不要因为怕下属犯错而不敢授权，害怕惹祸上身，这种做法是不对的。要明白授权是激励下属最好的良策，这会让下属因为你的授权和信任而全力以赴。

会管人、会用权才会管理

日本松下电器创始人松下幸之助经常告诫年轻的管理者：用人固然有许多技巧，而我觉得最重要的，就是信任和大胆地委托工作。通常一个受上司信任，能放手做事的人，都会有高度的责任感。

领导者面临复杂多变的局面，总会碰到各种棘手的问题和不同的难缠的人物。对此，任何简单、机械的解决手段都可能使事情发展到一个领导者不愿意看到的结果，并伤害到领导者本人。高明的领导者做事情则会深谋远虑，运筹帷幄，让局面尽在掌握之中，从而使自己的领导之路畅通无阻。

会用权，就是领导者要善用权力打开一扇成事之门。会管人，就是领导者要以高超的管人策略开创积极的管理局面。

俗话说“兵强强一个，将熊熊一窝”，“强将手下无弱兵”，无论是国企、民营还是外资企业，一个企业的领导能力、领导艺术对企业的发展至关重要，它将对企业的组织、管理、运作、协调以及企业文化产生深远的影响，这也直接影响到企业的战斗力、凝聚力。作为一名企业领导，要充分发挥领导艺术，善于用人、管人，努力凝聚人心，调动人才的主动性和创造性，提高员工的向心力和凝聚力，才能构建和谐企业。

领导者的工作对象，首先是团结人和用好人的问题。人才起用和人心顺逆，是决定事业成败的关键。人心所向，无往而不胜；人心所背，则会一事无成。作为领导，必须善于用人、管人，努力凝聚人心，调动人才的主动性和创造性，提高员工的向心力和凝聚力，构建和谐企业。那么，身居帅位，如何提高企业的向心力和凝聚力呢？有这样几点：

一、以德服人、公正廉洁

优秀的人格力量最能产生自然影响力，要求别人做到的事，自己首先做到。要严于律己，宽以待人，遇到名利分配问题，要“压里圈，门前清”，员工最烦那种遇事先为自己打算的主管，员工们最瞧不起见小利而忘大义的领导。廉能生威，俭可养德。孙子说：“为政以德，譬如北辰居其所而众星拱之。”身为领导者本身光明磊落，率先垂范，自然会折服人心，有威望和号召力。领导本身硬，属下就少次品。这是企业工作必不可少的基础条件，否则，认为权力万能而不修德政，员工就会像敬鬼神一样敬而远之。

二、慎思明察、判辨是非

要达到这一点必须满腔热情地细心倾听员工的呼声，对员工情绪和下面的意见要了如指掌，然后，说话处事解决问题才会有的放矢，才能对各种思想症结药到病除。一句话，只有与伙伴以及属下员工建立起鱼和水的关系，开展起工作才会游刃有余。

三、广开言路、从谏如流善

凡是成功的领导人，无不是在虚心征求群众意见的基础上慎重决策的人。邹忌讽齐王纳谏的故事，对每个领导都是很好的启示。日常工作中，尽管我们殚精竭虑，仍难免出漏误。要想在工作中减少失误，领导者必须善听逆耳之言，闻过则喜，集群智择善而从之，即可裨补疏漏，同时又可打通各种淤滞，这样自然会提高向心力和凝聚力。否则，独断专行，闭塞言路，员工积怨难舒，后果必是离心离德，企业一盘散沙，最后走向衰败。

四、任人唯贤、善用人

所谓善用者，主要是指选贤择能，使人尽其才，才当其职，以及内不避亲，外不避仇，广开人才之路。领导慧眼识才在先，任才以专和专职相宜在后，还要做好各种人才的配合与协同工作，事业才会兴旺发达。否则，如果任人唯亲，或才不当位而有志难抒，或庸才充位而智士受压，结果必然是混乱“朝纲”，人心丧失，事业无成。

五、赏罚分明、优劣有序

只有做到这样，才能使受赏者知荣而进，再接再厉，尽心竭智；使受罚者知悔思过，口服心服。这就是调动广大员工积极性的基本方略。反之，如果领导者对亲者、近者、信者和贿者一路绿灯，无事不顺；而对下层的平民，总是春风不度玉门关，或是见个野兔必开枪，碰上老虎躲一旁，那样的结果必然是智者慢而愚者乱，事业难展。

六、审时度势，宽严不误

历史上的周文王与周武王倡导治国要宽严结合和恩威相济，以后历代治国者无不把“文武之道，一张一弛”奉为安邦定国的基本方针。

今天，我们管理企业，领导员工，也应该借鉴这一点。无规矩不成方圆，无节奏不成旋律。领导者要善于审时度势，掌握好事态发展的尺度，该严就严，该宽就宽。西蜀刘璋在位，法度驰漫无力，“善善不能上，恶恶不能去”，民心涣散。后来经诸葛亮治理，严肃法纪而成化。秦政苛酷无道，民怨鼎沸。刘邦入关，约法三章，因势而怀柔，深得民心。这些都是历史上的鲜明例鉴。任何一个单位或任何一项事业，都不会是一江平水不起浪的，事态进展总会有新情况、新问题，都需要不断地调整，不断地理顺，或宽容而暂顺之，或严肃而立治之，只要宽严合势，必收立竿见影之效。

七、以理服人，以情感人

我们的民族是个重感情的民族，我们的员工大多数也是理智的员工。

成功的领导者，都懂得以理寓情，以情感人的领导艺术。在工作中，切不可小看感情投资，尤其是在以人为本的企业经营战略中，感情投资对人才的发挥和人心的归向常起到意想不到的作用。义（理智性同道之义）结知音情（协作之情）结友，常常能形成一种无坚不摧的强大力量。雪中送炭的关怀，解人危急的帮助，常令人终生难忘，排解郁怨的谈心和理解，可以让人情感相投。

历史上，漂母一饭，令韩信终生难忘，其可贵之处自然不是这饭本身，而是蕴含其中的一片真情。吴起用兵，士卒力战不退，视死如归，这不是他用鞭子驱赶的结果，而是他与将士“同衣食，共劳苦”的作风感人。忠诚、热情和创造力是需要领导人用赤诚真挚的爱心去培养、去激励的。真情所致，众心所归。“周公吐哺，天下归心”。领导联系群众，群众贴近领导。领导把真情倾注在员工身上，员工会把热情奉献给事业。高明的领导人，绝不会忽略用爱的情丝去联结众心的。只有会尊重人，会关心人，会理解人，才会赢得人心，才会最大限度地调动起各方面人的积极性。得人心者，得天下。治国如此，治企业也是如此。

人以类聚，物以群分。“明君主世，英贤聚应”，是说具有雄才大略而又阴敏睿智的人主政，各方面的人才会自然地涌现。

因为贤能志士都有怀才求诚的共性。有所作为，大展身手才是他们的第一需要，至于钱财之求，常在其次。汉有刘邦，而后涌现出萧何、张良、韩信和陈平；蜀有刘备，而后孔明出山，庞统来归，更有关、张、赵、马、黄生死与共，“鞠躬尽瘁，死而后已”。还有唐代李世民，明代朱元璋，他们身边群雄群聚，同气相投，一批顶天立地的汉子，干出一番惊天地泣鬼神的事业。这些事例无可辩驳地证明领导者自身的素质和才干是吸引人才的重要魅力。不论是哪个台阶上的领导人，不具有宽宏的性格，雄厚的学识和纵横捭阖的指挥才略，都难得到贤俊之士折服，因而也就达不到招引人才的效果。

没有吸引人才魅力的领导人，不是不学无术之辈，就是浅薄无德之徒。欲知其人，先察其友，庸才当权，在他的周围，保准会出现一帮能吃会玩，胸无点墨，乞巧乖张的奴才。雄才引来贤才，庸才爱用奴才，这也是一种“桃李不言”的效应。

总而言之，对企业管理者来说，要管人也好，会用权也罢，首先第一点就得打铁必先本身硬。领导者自己具有好的品德、才能、气质、学识和性格，才是衍生向心力和凝聚力的根本和源泉，你的管理才能更有效，你的权力运用才能事半功倍。

善于授权，敢于放权

美国麦当劳公司创始人雷蒙·克罗克对年轻人说：“我喜欢授权，而且一向尊敬那些能想到我想不到好主意的人。”日本松下电器创始人松下幸之助也说：“公司经营最重要的是分层负责。一个人想把所有的事情都揽在手里亲自处理，只能做到一个人的力量范围，无法成就大事。想要做大事，必须懂得分层负责。”

授权是将属于上级的权力授予下级，是一个短期性质的行为．而分权则是某一部分权力本来就较多地放在下级那里，是一个长期性质的行为。

狭义的授权，是指领导者根据工作的需要，将自己所拥有的部分权力和责任授予下属去行使，使下属在一定制约机制下放手工作的一种领导方法和艺术。

广义的授权也包括放权。放权是把本应属于下级的权力归还下级，以便上级集中精力处理更高层次。更广领域的管理工作；同时，也有利于下级积极主动地、机制灵活地处理好自己职责和权限范围内的工作。

可见，授权是一门管理艺术，充分合理的授权能使管理者们不必亲力亲为，从而把更多的时间和精力投入到企业发展上，以及如何引领下属更好地运营企业。

授权是组织运作的关键，它是以人为对象，将完成某项工作所必须的权力授给部属人员。即主管将职权或职责授给某位部属负担，并责令其负责管理性或事务性工作。

企业中所有的事情都不是一个人的事情，而是管理者和员工共同的事情，所以要靠大家来办，分工合作才能共同发展。《孙子兵法》中说：“将能而君不御者胜。”意思是，对于有指挥才能的将领，君主就不要干预他的行动，任由他充分发挥自己的才能，才能取得战争的胜利。在现代企业管理中也一样，不是所有的事情都要领导者亲力亲为，而是由管理者把一部分权力授予有能力的人，任由他们发挥自己的主观能动性和创造力去工作。

管理者的工作就是管理，他给员工下达工作任务之后，具体的工作便由员工负责完成。这样管理者和员工之间就会建立起良好的信任关系，并能够形成有效的授权和责任机制，从而实现和谐管理。

但是，管理者授权给员工并不是讨好员工的表示。授权体现了管理者对员工工作能力的信任，通过合理授权，企业的每一位员工都能够拥有自己发挥能力的平台。但授权并不是放权，管理者下达目标之后虽然并不干涉员工工作的具体细节，但也不是任由员工为所欲为。管理者授权之后的工作体现在合理的监督上。被授权的员工要向管理者递交进度报告，在关键时刻还要和管理者共同探讨工作的进展情况。通过检查员工的工作，管理者进行适当的指导、鼓励和控制。这样，企业中的各项工作才能有条不紊地进行。

在和谐的管理下，管理者对于自己授权的员工无疑是信任的，他们秉承了用人不疑的原则，让员工有责任心和归属感。但同时，管理者并不放任员工，不是盲目地信任，而是在既有的工作流程和制度下，进行有效的指导和控制。信任而不是放任，也说明了和谐管理并不是讨好员工。管理者对于员工的制约就像是“边线裁判”的作用，在界限范围内的工作可以由员工独立处理。

有人说，中国的企业一管就死，一放就乱。真是放也不是，管也不是。有人说用人不疑，疑人不用；也有人说用人要疑，疑人要用。管理到底是相信员工好，还是不相信员工好呢？做管理者真是左右为难。

对于懂得授权的管理者来说，员工就像是在参加一场马拉松比赛，确定了起点、终点和比赛路径之后，员工就可以按照自己的方式去跑。但是管理者就是裁判，他掌握着比赛规则和最终成绩。所以，授权不是不管理，不是讨好员工，而是一种更高层次的管理。在许多高科技公司里，管理者采取弹性工作时间：不规定员工上午做什么，下午做什么，甚至不规定员工工作的具体时间，而是下达一个任务，给出一个完成期限，具体的工作全部由员工自行安排。最终，管理者只以结果来衡量工作业绩。正是因为公司给了员工足够的空间，反而使员工回报给公司最大的努力，从而形成了良性循环。授权很大意义上是让员工自我管理，而不是讨好和放纵。

授权是组织运作的关键，它是以人为对象，将完成某项工作所必须的权力授给部属人员。即主管将职权或职责授给某位部属负担，并责令其负责管理性或事务性工作。

美国著名的管理咨询专家布利斯有一句名言：一位好的经理总是有一副忧烦的面孔——在他的助手脸上。布利斯这句话的意思是说，好的经理懂得向助手或下属授权，充分地调动他们的主观能动性去完成工作任务。而不是自己包揽一切，结果使自己疲惫不堪，面孔忧烦。

布利斯指出：现在太多的经理要享有决定一切大小事务的那种万能的权力，这不只是不能很好地利用你自己（经理）的时间，而且也阻碍了下属的发挥创意和成长。一个公司、一个企业也是如此。当老板的不懂得授权给下属，结果就是自己忙得要死，而下属则袖手旁观。老板们应该掌握授权的艺术，以腾出时间去做更重要的工作。

杰克·韦尔奇有一句经典名言："管得少就是管得好。"乍听此言，觉得有些不可思议，可是深思细想，豁然开朗：管得少并非说明管理的作用被弱化了，效率管理，更能产生200%的效果。

那么，作为企业管理者，应该如何把握授权与放权的关系呢？

1．不要只问"懂了吗"

管理者习惯性会问员工"懂了吗？""我讲的你明白了吗？"这种情况下，许多对细节还不太懂的员工都会反射性地回答"知道""明白"，他们不想当场被主管看扁。

2．放权后也要适时闻问

放权以后不能不闻不问，等着他把成果捧上来。你可以不必紧盯，但仍要注意员工的状况，适时给予"这儿不错""那样可能会比较好"之类的意见提点。如果任务特别需要"准时"，也可以提醒他注意进度与时间。

3．明确绩效指标与期限

员工必须了解自己在放权下必须达到哪些具体目标，以及在什么时间内完成，清楚了这些才能有基本的行动方向。放权不是单单把事丢给员工，还要让他明白管理者期盼些什么。

4．放权不一定要是大事

即使只是一次再寻常不过的小事，都可以是"放权"，未必一定要是什么大方案、大计划，才叫放权。尤其对于新进员工，从小事放权起，可以训练他们负责任的态度，也建立他们的自信。

5．为下次放权做"检讨"

每次的放权后，管理者应找员工讨论他这次的表现，以便检讨改进。旅游企业高管也可以让员工描述自己在这次过程中学到了什么，再配合管理者自己观察到的状况，作为下次放权的参考。

6. 排定支持措施

告知员工，当他们有问题时，可以向谁求助，并且提供他们需要的工具或场所。当主管把自己的工作分配给员工时，确定也把权力一起转交。此外，主管要让员工了解，他们日后还是可以寻求主管的意见和支持。

7. 放了权就该适度放手

与其紧紧盯人，不如在开始时就交代清楚，然后放手让员工做。这样管理者既可以省一些精力，员工也可以试一试自己的能力。

8. 先列清单再放权

简单来说，主管可以先列出每天自己所要做的事，再根据“不可取代性”以及“重要性”删去“非自己做不可”的事，剩下的就是“可放权事项清单”了。这会更有系统、更有条理。

9. 放权的限度要弄明白

有些员工会自作主张，做出一些超出放权的事。因此最好在放权时能特别交代“底线”，一旦快触碰到了，他们就应该刹车，这可以防止他们擅自跨过界线。

10. 找对你打算放权的人

你所指定的人，如果经验多，但对于该项任务不擅长或意愿较低，未必会比经验较浅、有心学习而跃跃欲试的人适合。

综上所述，一个公司要做大、做强，管理者必须学会放权、授权，也一定要放权、授权。没有这样的胸怀和境界的管理者，是办不成大事的。当然，管理者做好放权和授权的工作，必须有一个前提，这就是：对被授权的人和事能够完全掌控，或者有一个健全的约束制度。

否则，这样的授权不但不能给公司带来效益的提升，反而会给公司带来伤害，授权的力度越大，伤害越大。

因此，每一个公司管理者，在给下属放权、授权前，应该扪心自问：我能够完全掌控吗？公司有健全的约束制度吗？如果有，你可以根据被授权人的道德品质和业务水平，给予相应的放权、授权。否则，暂时还不能放权、授权。而是要抓紧时间提高自己驾驭全局的本领，尽快建立一套适合本公司且行之有效的约束制度。

没有沟通，就没有管理

美国沃尔玛公司创始人山姆·沃尔顿说：“如果你必须将沃尔玛管理体制浓缩成一种思想，那可能就是沟通。因为它是我们成功的真正关键之一。”日本松下电器创始人松下幸之助说得更直接：“企业管理过去是沟通，现在是沟通，未来还是沟通。”

在现代资讯经济时代，企业内外部环境的变化日益复杂和加快，全球化和资讯化、知识化势如破竹，企业因此必须在更大的市场背景、更快速的环境变化和更加激烈繁杂的竞争态势下生存发展。同时企业本身的规模越来越大，内部的组织结构和人员构成越来越复杂，相关的企业、人群越来越多，对市场和企业自身的把握越来越困难，企业员工之间利益、文化越来越呈现出多元化特征，企业内外部人员间的矛盾和冲突不断在增加——以上所有这些问题，都必须依赖于良好的管理沟通来解决。

可以说没有沟通，就没有管理。沟通是人与人之间的思想和信息的交换，是一个逐渐广泛传播的过程。著名管理学家巴纳德认为“沟通是把一个组织中的成员联系在一起，以实现共同目标的手段”。可以说，管理活动需要通过沟通才能进行。

一般来说，企业管理对内包括生产管理、财务管理、人力资源管理、后勤管理、安全管理、资产管理；对外包括销售管理、市场管理。

那么什么是管理呢？有人说，管理就是带领一群人去实现目标的过程；流传更广的说法是“管理就是做正确的事和正确地做事”，西方比较专业的看法是“管理就是为了实现组织目标，对人财物等资源进行计划、组织、领导与控制的过程”。

中国式管理以中国人的传统文化、行为习惯、思维方式、社会心理为文化背景，以社会主流价值观、人生观、世界观为基础，以社会大众普遍接受、认同和欣赏的管理才能为表现形式。

中国式管理是以政治管理为基础演变而来的，因此强调天道、地道、人道，强调和谐、诚信、工具、务实、智慧、勤俭和法制。

无论西方的管理思想还是中国式管理，万变不离其宗，只是角度不同，最终都是为结果服务。都存在四大共性：管理以器立身，强调管理是工具；管理以人为本，强调管人；管理以事为基，强调管事；管理以好为标，强调结果。

管理没有沟通作为工具是不可能取得绩效的；管理以人为本，管好人离不开人际沟通；管理以事为基，要做好事同样离不开沟通；要出好结果，任何一个环节的沟通都举足轻重，不可马虎。因此，一个不容忽视的结论出来了：管理离不开沟通。

沟通是管理的先行者，没有沟通就没有管理。如果管理是一个生命体，那么沟通就是贯穿于这个生命体每一个部位、每一个环节的血管，给生命体提供赖以生存的各种养分。

因此，作为企业管理者，应当对信息沟通工作有一个较为宏观的把握，摒弃对那些“有害无益的”信息媒介的依赖。因为它们不仅占用员工的时间，而且可能造成混淆。经理人员应当集中精力，努力使信息通信的投入转化为企业的经营利润，并对沟通的各个组成部分进行整合，使其作为一个整体为企业创造更大的价值，而不是令其各自为政、相互掣肘。

看待价值有很多不同的方法。其中一种就是着眼于企业的经营目标——沟通是达到这一目标的手段之一，所以我们最好从企业的目标着手进行分析——即企业希望取得什么成就？在它为此奋斗的过程中存在哪些障碍？与其把沟通推上管理日程，不如先着手解决早已在日程安排之中的事务，因为这样做将会更有价值。

从战略角度看，企业面临的困难包括：客户保有率低、赢取客户的成本过高、企业内部协作不够、交叉销售与客户服务工作有待改进、市场份额下降、管理成本增加以及员工离职率过高等等。

内部沟通可以帮助企业解决经营方面的问题，但是首先必须找出困扰企业内部客户的问题。只有能看出问题所在的人才能真正了解沟通的价值。如果企业内部人员意识不到问题的存在，那么无论你为他们做什么，他们也不觉得这是在帮他们解决问题。例如，只有在企业认识到员工离职率过高已经成为一个大问题时，针对这一问题所进行的内部沟通工作才能有效地发挥提高员工保有率的作用。

有时候企业对自身发展战略并没有明确的概念，或者仅把沟通部门看作一个发布信息的机构而已。即便如此，经理人员只要能更有效地进行沟通工作，仍然可以为企业创造更多的价值。要达到这一目标，可以采取下列方法：

一是提高信息质量——使用更加简练流畅的语言，传递更加明确的信息。

二是提高现有沟通渠道的效率，例如，采取面对面会谈的方式沟通比简单的信息交流更重要的事务。

三是限制信息源的数量并对沟通渠道进行准入限制，以减少信息发布的数量。

在有些企业，虽然沟通部门的工作人员不能参与制定经营战略，但他们仍然能够通过提高沟通程序的效率减少成本为企业创造价值——这种结果肯定是企业财务总监所乐于看到的。大多数从事沟通工作的人都必须既是战略家与顾问，又是妙笔生花的写手。因为不管企业有多出色的经营战略，如果不能明确地表述出来，也是毫无意义的。

在新的信息经济时代，管理沟通已不再是次要的或无关企业全局的一个局部性、部门性质的技巧，而越来越多和越来越真实地表现为企业管理本身，沟通的任务就是管理的任务，沟通的功能就是管理的功能。

沟通就是为了达成共识。现代企业越来越重视通过加强内部或外部的沟通来解决管理中的各种矛盾和冲突，而实现沟通的前提就是让信息能在所有员工之间有效地传递。

美国沃尔玛公司创始人山姆·沃尔顿将沟通视为管理的浓缩。他认为让员工们了解公司业务进展情况，与员工共享信息，是让员工最大限度地干好其本职工作的重要途径，是与员工沟通和联络感情的核心。而沃尔玛也借助于沟通交流和信息共享，使员工感觉自己得到了公司的尊重和信任，从而更具有责任感和参与感，并积极主动地努力争取更好的成绩。

沟通与管理的关系是显而易见的，其重要性也是不言而喻的。管理离不开沟通，沟通已渗透于管理的方方面面。没有沟通，管理者的领导就难以发挥积极作用；没有沟通，企业根本就不可能有所发展，甚至会趋于死亡。

未来学家约翰·奈斯比特清楚地认识到了这一点，他说："未来竞争将是管理的竞争，竞争的焦点在于每个社会组织内部成员之间及其与外部组织的有效沟通上。"因此，管理者应该为企业营造良好的沟通氛围。

对人才要做到知人善用

在华为的人才结构中，干部是非常重要的组成部分。因为华为内部等级森严，且公司人员数目众多，作为管理中坚的干部是确保其各种管理改革、业务开展顺利执行的关键力量。所以华为对于公司干部的选拔非常重视，这种选拔上的严格体现在选拔标准、后备队和末位淘汰等制度上。它们保证了华为建立一支不屈不挠、奋不顾身的职业化管理队伍，以此来为华为的每一次起飞保驾护航。

选拔干部时，一定秉承这样的原则：合格的管理者需要具备强烈的进取精神与敬业精神，没有干劲儿的人是没有资格进入高层的。这里不仅仅是指个人的进取精神，还包括自己所领导群体的进取与敬业精神。因此，华为在选拔管理者的过程中，主要坚持了这样几个标准：

1. 具备"狼"的特性

华为可以说是一家以狼性起家的公司，甚至后来形成了狼性文化。在当时大多数中国企业提倡中庸、提倡宽容文化的大环境中，华为这样做显得独树一帜，甚至被一些企业所不屑。这固然与任正非本人的忧患意识有关，同时，这恰恰是华为作为民营企业应对所面临的众多挑战和生存压力所不得不做出的选择。

任正非曾多次在讲话中提到：

“企业就是要发展一批狼，狼有三大特性，一是敏锐的嗅觉。二是不屈不挠、奋不顾身的进攻精神。三是群体奋斗。这三大特性也可以理解为华为选拔人才的三个标准。”

这三大特性后来发展也成了华为衡量优秀管理者“狼性”的三个标准：一、具有敬业精神，对工作是否认真。改进了，还能改进吗？还能再改进吗？二、具有献身精神，不能斤斤计较。企业的价值评价体系不可能做到绝对公平，献身精神是考核干部的一个很重要因素。一个管理者如果过于斤斤计较，就不能与手下融洽合作，不能将工作做好。没有献身精神的人就不要去做管理。三、具有责任心和使命感，这将决定管理者是否能完全接受企业的文化，担负起企业发展的重担。

具体说来，华为要求管理者们要具备踏实的办事能力、强烈的服务意识与社会责任感，能够不断提高自身的驾驭与管理能力。

关于干部选拔标准，任正非在一次讲话中谈道：

“我们要坚持以前制定的几条干部评定标准。”

（1）各级干部都必须努力培养超越自己的接班人，这是我们事业源源不断发展的动力。没有前人为后人铺路，就没有人才辈出。只有人才辈出，继往开来，才会有事业的兴旺发达。

任何人都必须开放自己，融入华为的文化生活中去。为了企业的生存与发展，要有能上能下的心胸。只有能屈能伸的人，才会有大出息。

选拔人才要重实绩，竞争择优，做不好本职工作的，就做不好更重要的工作。当然，看人要看主流、看本质、看发展，看品质、看受过的基础训练，不要求全责备，以偏概全，更不能论资排辈。

（2）要有强烈的进取精神与敬业精神，没有干劲儿的人不能进入高层。不仅仅是个人的进取精神，而是使所领导的这个群体有进取与敬业精神。没有敬业精神的高级干部要调整职位。华为公司永远要充满活力，永远不允许有自满自足的情绪在公司游荡。（3）各级领导干部不但要学会做人，也要学会做事，踏踏实实地做事，认认真真地做事。那种只说不做，或只会做表面文章的人，只会进行原则管理、从不贴近事件的人，不能得到提拔和重用。

各级干部都要亲自动手做具体事。那些找不到事又不知如何下手的干部，要优化精简，不仅要精兵简政，也要精官简政。我们将把没有实践经验的干部调整到科以下去。在基层没有做好工作的，没有敬业精神的，不得提拔。任何虚报浮夸的干部都要降职、降薪。

任正非认为，作为一个管理者不但要学会做人，也要学会做事，踏踏实实地做事，认认真真地做事。那种只说不做或只会做表面文章的人，只会进行原则管理、从不贴近事件的人，不能得到提拔和重用。华为要求每个管理者都能够亲自动手做具体的事，那些找不到事做又不知如何下手的管理者，就会面临被精简的命运。而在基层没有做好工作的，没有敬业精神的，是得不到提拔的，任何虚报数字、作风浮夸的干部都会被降职、降薪。

华为要求中高层管理者要具备自我提升的能力，能够很快地适应社会、企业的发展要求。同时，管理者必须充分理解企业的核心价值观，具有自我批判的能力。要关心部下，善于倾听不同的意见，能够和持不同意见的人交朋友，分析这些人的问题，给他们帮助。一是帮助他们改变思想方法；二是把他们疏散到不同的岗位，避开和主管领导的正面冲突。对管理者而言，做员工真诚的朋友很重要，这样，员工就能和你说知心话，可以弥补管理者在工作中的缺陷。

任正非坚信，华为要继续生存下去，就必须变成狼群，以狼的韧性和狠劲儿虎口夺食，还要以狼的危机感继续不断向前，才不至于被吃掉。因此，在进行人才选聘时，华为以“狼性”的标准进行选拔也就不足为怪了。

2. 强调团队协作精神

早期的华为一直强调英雄主义，军人出身的任正非十分清楚，个人作战的效力比不上团队作战。因此他明确指出，华为的英雄不是单打独斗的个人主义，而是必须作为一支英雄之师的英雄，认为个人力量必然有限，只有大家组合成一个整体，进攻退守，才能真正最大限度地发挥人才的作用。

2005 年 3 月，在欧洲地区部财经管理干部培训班上讲话时，任正非说道：

“今天，《千手观音》《可可西里》被作为教材出现在华为近期的内部刊物上，‘组织绩效’的话题被不厌其烦地提及。当华为越来越逼近‘世界级企业’的时候，华为内部对自身‘狼性’理解被重新演绎为‘群狼’和团体作战能力。公司内部对带兵打仗的‘干部’们提得更多也就变成了‘干部对组织绩效负责’‘干部对下属负责’。”

2005 年 4 月，任正非在研委会会议、市场三季度例会上再次说道：“研发系统要培训一批团队领导，把管理的团队划小，建立不同建制的团队。这些团队能够整建制调动，打仗时需要多少个团队就加多少个团队上去，管理难度也就降下来了。现在研发的规模大，如果组织的规划没有做好，作战就没有方向。总监可以多一些，总监也可以是技术专家的一个代名词。”

任正非要求管理者要具备领导的艺术和良好的工作作风。团结、沟通是管理工作的永恒主题，任何一个管理者不仅要团结与自己意见一致的人，也要团结那些与自己意见不一致的人，做不到这一点就没有资格做接班人，就永远不会得到上级的提拔。在华为，强调的是批评与自我批评的工作作风，并从高层一直传递到最基层。在公司内部允许员工对自己的上级，对自己的部下进行批评，否则人人都顾及影响，都做“好人”，企业管理的进步就无从说起。

任何一个管理者都要清清白白做人、认认真真做事，做员工学习的榜样。不仅要严格要求自己，也要严格要求部属。只有一个群体具有高水平，才表明这个管理者的高水平。

3．干部应从实践中来

开创之初，华为就确定了一个政策：凡是没有基层管理经验，没有当过工人的，没有当过基层秘书和普通业务员的一律不能提拔为干部，哪怕是博士也不能。所以，学历再高，如果没有实践经历，就会被横挑鼻子竖挑眼。事实上，这也是任正非的一个无奈选择。任正非一直都清楚地认识到华为每级干部的管理技能和水平实际上都不高，并不具备消化“空降部队”的能力。唯一的办法就是从内部培养自己的骨干，依据公司一系列干部制度和政策，靠自己的努力来培养自己的跨世纪的干部。

直到今天，当越来越多的企业青睐于“空降部队”，而华为也已经有能力招聘“空降部队”，却仍然坚持“干部要从内部提拔上来，从实践中来”的选拔原则。华为人对这一问题的坚持甚至有些偏执。华为现在推行英国的任职资格标准，但是英国的任职资格标准是一个僵化的体系，缺少生命活力。因此华为把美国 Hay 公司的这个薪酬体系控制制度引入到任职资格体系，要求各级干部按照这个标准去比照自己，到底适不适合。华为确定的干部路线是从内部队伍尽快产生干部，就是要在实践中培养和选拔干部，要通过“小改进、大奖励”来提升干部的素质。

在干部选拔程序方面，华为没有搞民主推荐，不搞竞争上岗，而是以成熟的制度来选拔干部。这个成熟的制度包括职位体系、任职资格体系、绩效考核体系、干部的选拔和培养原则、干部的选拔和任用程序、干部的考核。首先，华为会根据任职职位的要求与任职资格标准对员工进行认证，认证的重点是员工的品德、素质和责任结果完成情况。认证后还要对其进行全面的考察，即在主管、下属和周边全面评价干部的任职情况。考察干部后还要进行任前公示，使干部处于员工监督之下，每次任命都要公示半个月，半个月内全体员工都可以提意见。华为在每个干部任命之后还有个适应期，并为其安排导师。适应期结束后，导师和相关部门认为合格了才会转正。

华为每一位干部的正式任命，都要经过层层考核。既有国际通行的考察标准，又有华为内部独有的选拔要求，以确保最终到达岗位的人选符合该工作的要求，并最终成为“华为狼群”中合格的一员。

懂得扬长补短

企业要强调员工的敬业精神，选拔和培养全心全意投入工作的员工，对其实行正向激励推动。不忌讳公司处于的不利因素，激发员工拼命努力的热情。知识、管理、奋斗精神是华为创造财富的重要资源。华为在评价干部时常用这样一句话：此人肯投入，工作卖力，有培养前途。只有全心全意投入工作的员工，才能成长为优秀的干部。华为常常把这些人放到最艰苦、最困难的地方，甚至对公司最不利的地方，让他们尽快成熟起来。

俗话说：江山易改本性难移。每个人各有自己的优缺点，独特的思维方式和交往风格。作为一个优秀的管理者应该意识到：改造一个人是有限度的。我们需要做的不是试图消除这些弊端，而是把这些优点合理地加以利用，尽量避免它们的缺点，并力图帮助每个人在其独特天性的基础上持续进步。

清朝雍正皇帝曾接见一位求职者，此人不善言谈，脾气固执，在旁人看来，很难被录用。可是，雍正却任命他为御史，此人上任后，恪尽职守，参劾了一大批贪官污吏，这个人就是一代名吏——孙嘉淦。雍正这种大胆用人的气魄，激发了各类人才创业的热情，最终铸就了辉煌的雍正王朝。现代管理有句名言：只有无能的管理，没有无用的人才。世界上没有全才，精英也毕竟是少数，高明的领导不一定要拥有最好的人才，但他一定是不拘一格用人才，最大限度地发挥每个人的潜能。

优点与缺点是相对而言的，并非绝对不变，任何一个人绝对没有永恒的缺点，比如，让那些天生慢性子的人从事讲究速度的工作肯定不合适，在工作求快的岗位，慢性子就成为短处，但将慢性子的员工用在讲究精准的岗位上，他们工作细致，很有耐心，那么慢性子就转化为长处。

知人善任，注意发挥每个人的特长，是管理者的一种基本功，也是事业成功的重要因素。作为一名优秀的管理者，不但要知道属下每一个人的特长，还应掌握每一个人的不足，在使用中注意发挥其特长，并根据其不足做好防范工作。

林肯是扬长避短的典范，一方面他对自己可以做到扬长避短，另一方面他对别人也能知人善任。

第一个，对自己。林肯相貌丑陋，这是竞选的一个劣势，但是每次有人以此为话题攻击他时，他都能借机展示自己的智慧与幽默，比如——他跟史蒂芬生·道格拉斯一起竞选总统，在进行辩论时，道格拉斯指责林肯是个两面派，有两张面孔。林肯听了之后，不慌不忙地回答说："如果我有两张面孔，我还会情愿戴这一副吗？"他的勇于自嘲，立刻赢得了台下不约而同地叫好。

也是在竞选时，他的贫苦出身让他处于劣势，但是他用这个特点拉近了与中下层选民的距离。

林肯没有专车。他买票乘车，每到一站，朋友们就为他准备好一辆普通马车。他发表竞选演说时说："有人写信问我有多少财产？我有一个妻子和三个儿子，都是无价之宝。此外，我还租一了间办公室，室内有桌子一张，椅子三把，墙角有大书架一个。架上的书，每一本都值得细读。我本人既穷又瘦，脸很长，我实在没有什么可依靠的，唯一可以依靠的就是你们。"

凭借这种扬长避短的才能，林肯成为美国总统，却又受到了新的挑战——美国内战。1961 年美国南北战争爆发以后，林肯曾先后任用了三四位将领，当时他按照传统的所谓"完人"的标准，要求所有将领必须没有缺点。然而，出乎他的意料，北军的每一位"无缺点"的将领皆被南军打败。

后来，林肯总结了教训，撤换了一些将领，宣布任命格兰特为总司令，他手下的人十分担心，私下忠告他说："格兰特嗜酒贪杯，难当大任，"然而，林肯已从以前用将的失误中认识到选拔将领不能只求"无缺点"，应该把有独特军事才能作为选拔将领的依据。格兰特虽然在生活上有嗜酒的毛病，但他有超高的军事指挥才能，后者是他的优势方面。于是，他回答："如果我知道他喝什么酒，我倒想送他几桶。"

历史事实证明，由于起用了格兰特为帅，对击败南军、废除奴隶制、平定内乱起了重要作用。林肯用人决策可说是抓住了事物的主流和本质。对于格兰特，林肯深知他的优点和缺点。在当时的情况下，格兰特出色的军事才能是十分难得的，是大局所急需的，而嗜酒贪杯，当然是一种恶习，但这只是次要方面，完全可以经诱导而不至误事。

林肯扬长避短，知人善任，极大地促使了南北战争的最后胜利。

当管理者认识到每个员工都有长有短后，就应该给予员工充分的信任，不能因为员工有某方面的短板，就对其将信将疑，这样员工心里会产生很大的压力，最终破罐子破摔，自身的优点也无法表现出来；反之，如果员工能得到上司充分的信任，不仅会尽情地发挥自身的长处，还能主动改善自身的不足。

另外，每个人都是一直处于变化之中，管理者不要过分依赖自己的主观判断，也不要急于定性。要保持对每位员工的细致观察，要永远保持发掘员工长处的热情。发掘他人的长处，不能仅凭着他说了什么，更要看他做了什么。其实很多人并不太了解自己，而且语言也具有局限性，因此，判断一个人长处是什么、适合做什么，不仅看他说什么、说过什么，更重要的是看他真实的业绩和实际的行为，这是辨识长处的真正依据。

任何时候，任何地方都很难找到一个完美而无可挑剔的员工，就如造物主赐给我们一个光怪陆离、形形色色的世界，却没有造就一种完美无憾的生灵一样：茉莉有怡人的香气，却比不上牡丹的雍容华贵；玫瑰倒是色香俱佳，却又带着伤人的刺。而园艺家对待鲜花的态度是：鲜者，取其鲜；香者，爱其香；有刺者，更宜贵其鲜而香。

作为企业的管理者，如果能看到员工的优点，令他的优点充分的展示和发挥，那么必会产生“士为知己者死”的效应。

留住人才便留住希望

人才难得，得到人才便得到发展；人才难留，留住人才便留住希望。德鲁克认为，确定切实可行的员工聘用制度是非常重要的。企业将给员工提供怎样的发展舞台？企业将怎样吸纳并留住人才呢？这是任何一个管理者都必须深思和回答的问题。

相信任何企业都重视人才的引进和培训，但是，华为却能把人才的优势提升到其他企业无法企及的高度。其令人生畏的“秘技”只有两条：垄断和锻造。深圳广泛流传着这么一种说法：“去华为办事千万不要轻易提起你的学历，因为门口让你登记的门卫很可能就是硕士，公司里打扫卫生的可能就是一名本科生。”这虽然是个笑话，却暗示了华为员工整体的高学历。

随着进入快速扩张期，华为对员工的需求突然大增。以前那种到人才大市场零星招聘的方法已经难以适应公司需要。可能是由于华为高层多数出于华中理工大学的缘故，在 1997 年前，华为员工里面有 40% 都是华中理工的毕业生。但到后来，开始在全国众多大学里招聘，华中理工的学生占的比例降下去了。1998 年之后华为每年都启动大规模的人才招聘计划，在北京、上海、西安等地的主要媒体上大做广告，在著名高校里召开招聘专场，重金招揽各路高手。1998年，华为一次性从全国招聘了800多名毕业生，这是华为第一次大规模招聘毕业生。此后，一直到2002年，每年都有大批毕业生进入华为。1999年，一次性招聘2000名大学毕业生。到2000年，总共招聘了4000名毕业生。2001年，华为挨个到全国著名高校招聘最优秀的学生。据说，当时华为口出狂言："工科硕士研究生全要，本科的前十名也全要。"此次，一下子招聘了7000多人，最后实际招聘了5000多人。借助这次全国最大规模的招聘，华为声名鹊起，被媒体誉为"万人招聘"。这些学生在培训后，有80%以上充实到了研发岗位。按照任正非的说法，华为平均每年招聘大约3000人。

由于华为1998年到2002年几年内接连大规模招聘优秀毕业生。众多媒体被深深震撼。但是，这样的"大手笔"也被一些同行指责为"垄断人才"。媒体指出，华为发展再快，两年内招聘近万名毕业生也用不完，在国内电信人才紧缺的时候，华为这样做的目的是把有限的人才都拢到自己的手里，即使自己暂时用不完储备起来，也不让别人招聘去用，以此限制对手的发展。

要吸纳和留住人才，就要为那些新手和年轻人提供更多的机会。这个世界并不缺少人才，而是缺少让人才发挥效能的环境和机会。

联想集团为那些肯努力、肯上进的年轻人提供了很多机会。联想集团管理层的平均年龄只有31．5岁。联想电脑公司的总经理杨元庆、联想科技发展公司总经理郭为、联想科技园区的总经理陈国栋……上任时都是30多岁的年轻人，他们各自掌握着几个亿甚至几十亿营业额的决策权。从1990年起，联想就开始大量提拔和使用年轻人，几乎每年都有数十名年轻人受到提拔和重用。联想对管理者提出的口号是：你不会授权，你将不会被授权；你不会提拔人，你将不会被提拔。长江后浪推前浪，知识经济时代的人才更多的是年轻人，让年轻人有机会脱颖而出是联想成功的重要条件。

从 1994 年开始，每到新年度的 3 至 4 月间，联想集团都会进行组织机构、业务结构的调整。在这些调整中，管理模式、人员变动极大。通过不断的调整和变革，联想会给员工提供尽可能多的竞争机会。在工作中崭露头角的年轻人会脱颖而出，而那些故步自封、跟不上时代变化的人则会被淘汰。这就是联想的赛马理论："在赛马中识别好马。"

企业的生命是由人才决定的，要吸引人才就必须让人才看到企业的未来，要留住人才就必须让人才有发展的机会。越是有竞争，越能激发人的创造力；越是有挑战，越能激励人的进取心。

人才不是完人，人才也必然会犯错误。善待犯错误的人才，就能留住人心，而一个企业有人气、有人心，还愁没有未来吗？

IBM 一位颇有前途的基层经理为了公司的发展进行一项风险投资时，使公司损失了 1000 多万美元。总裁沃森将这名胆战心惊的经理叫到办公室。这位年轻人小心翼翼地说："我估计您希望我辞职，对吗？"

沃森却回答说："小伙子，不用紧张。我要感谢你为了 IBM 的发展敢于承担风险，我们不过是替你交了 1000 多万的学费而已。请相信，我绝不会将一位花了 1000 多万美元才获得此项经验的人才放走，请留下来安心工作。"

看了这个故事，我们不禁拍案叫绝，汉森的留人方式真是技高一筹。错误已经犯了，损失已经造成，管理者即使暴跳如雷也已于事无补。倒不如逆向思维，做个顺水人情，既可以安慰犯错的员工，使其以后更忠诚于企业，又可以向所有人才表明态度：企业给每个人才提供发展的机遇，并且不怕他犯错误。

很多企业都担心自己公司的人才被挖走。但是，阻止人才流失固然重要，而最根本的却是人才能否和企业融为一体。如果人才抵触企业的价值观，这样的人才要之何用？所以说，留人才，不要仅仅考虑薪酬，还要学会分析。

索尼公司认为："一个人选择去留主要从三个方面考虑薪金福利是否与个人需要相适应，是否满意他所从事的工作，是否有长远发展的机会。"

惠普公司始终把招募和挽留顶尖人才作为公司的一项非常重要的战略来管理，并以此作为考评经理们业绩的重要指标。

有句著名的广告词："心有多大，舞台就有多大！"对企业而言，你为人才提供的舞台有多大，你的企业就能做多大！

以任职资格标准体系来规范员工

1995 年，随着自主开发的 C&C08 交换机占据国内市场，华为的年度销售额达到 15 亿，从此结束了以代理销售为主要盈利模式的创业期，进入了高速发展阶段。而创业时期的一批管理干部，许多已经无法跟上企业快速发展的需要，管理水平低下成为制约公司发展的瓶颈。任正非解决这个问题的方式是所谓的"集体辞职"。

1996 年 1 月，华为市场部所有正职干部，从市场部总裁到各个区域办事处主任，都要提交两份报告，一份是述职报告，另一份是辞职报告。在竞聘考核中，包括市场部代总裁毛生江在内的大约 30% 的干部被替换下来。此事在当时被竞争对手评价为"炒作"，但事实上，在 1996 年通信市场爆发大战前夕，华为市场体系高达 30%

的人真的下岗了。公司发展需要变革，但变革难免有阻力，最大的阻力来自现有组织的惯性。任正非的这项举措让华为人明白，“在市场一线的人，不允许有思想上、技术上的沉淀，必须让最明白的人、最有能力的人来承担最大的责任。”不过，任正非也深知“恩威并施”的重要性。华为每年会从一线撤换下来很多人，这些人可调往海外市场或升迁、转岗、内部创业。其中，内部创业就是鼓励员工出去创办企业，华为可免费提供一批产品供员工所创的公司销售。据说，免费提供的产品价值 = 员工所持华为内部股 ×1.7。2000 年年底，曾被认为是任正非接班人的李一南离开华为，创办了做数据通信产品的北京港湾公司。据透露，华为当时给了他不小的支持，其中之一就是将他持有的华为内部股兑换成相应的华为数据通信产品。北京港湾成立第一年，销售额就以数亿元计。现在，北京港湾已成为华为的竞争对手之一。

公司发展到一定规模，必须建立人才培养机制来解决组织发展中的人才瓶颈。华为在 20 世纪 90 年代中期也面临同样的问题，主要是通过建立任职资格体系来解决。

目前，华为的任职资格管理制度已经成为各大企业学习的对象。人才培养机制的建立已经有了系统的流程，但在实际工作中，尚需要注意几个问题：

1. 需要统一规划和系统设计

任职资格体系的建立是一项复杂的工作，有必要进行统一规划、系统设计。而且，伴随着任职资格体系的建立，相应的激励体系也要随之建立，甚至有可能涉及组织结构的调整、工作内容的重新分配，而这些往往是部门层面无法独立完成的。因此，任职资格体系的建立是公司层面的工作，需要统一规划，否则就会造成思想的差异、方法的不同、力量的分散，最终导致事倍功半。经常有公司发生存在几套不同任职资格制度的情况。在公司层面建立了一套任职资格体系，各部门在执行公司层次任职资格体系的同时，又建立了本部门的一套任职资格体系，这样就造成了管理的混乱和资源的浪费。例如，公司研发中心的任职资格等级划分为六个级别，六级是最低的级别，而工程分公司则只有四个级别，一级为最低级别。这样划分的后果会造成人员在相互流动时，级别对应出现困难，给管理带来不必要的麻烦。另外，对于任职资格的评定组织存在两套"班子"，公司及部门各自建立了任职资格评定组织，其结果是重复评定、互相冲突。

2. 任职资格标准不是一成不变的

虽然保持任职资格的相对稳定是前提，但不管哪种类型的人才，在任职资格确定以后都不是一成不变的，要根据内外部环境对人才的需求变化做出相应的调整。企业内部的资格认证体系中心也要确定一个相对稳定的更新任职资格的间隔时段，比如每两年或五年更新一次资格标准。

3. 职位分类分层一定要有相应的指导原则

职位的分层首先要考虑战略对人才的要求，要进行战略规划，明确企业需要哪几方面的人才，需要什么层次的人才。职位划分在建立任职资格体系的过程中是一项非常重要的工作，将会直接影响到任职资格体系的有效性和适应性。职位划分包括两个方面：职位分类和职位分层。职位分类是指对工作性质相同、任职能力相似的不同职位进行识别和归类；职位分层是指根据企业战略对人才的要求以及不同职位类别工作难度、任职能力要求的复杂性来对不同职位类别进行层级划分。职位分类分层必须遵循六大原则：与工作紧密结合原则、适应公司发展要求原则、统一分类原则、区分度明显原则、垂直上升和横向流动双向发展原则以及突出重点领域原则。任职资格体系如同所有其他管理制度一样，需要随着时间的推移不断完善。企业发展的不同时期对人才培养有着不同的侧重点，需要企业管理者结合实际情况具体分析。

第六章 云管理离不开正能量团队

管理的核心是人，管理的关键靠人，对于任何组织，领导者都是组织发展的决定因素。故而，领导者必须努力提高自身的领导力，必须努力提高领导素质。只有能够向前看的领导者，才是卓有成效的领导者，才是成功的领导者。

领导需要好团队

一位好领导者的基本任务有以下 4 个方面。

第一，成功领导者的首要任务是思考组织的使命。领导者确定并实施组织的使命。领导者必须将组织的使命转化为组织目标，并制订优先实现的目标。领导者应该根据组织的使命和目标规定行为准则，领导者必须以身作则遵守规则。

任何一个健康的、有生命力的组织，都必然有其鲜活的组织使命。明确组织使命，是领导者的第一任务。领导者与普通管理者和员工的不同之处就在于：领导者是使命的制订者、决策的规划者、任务的监督者。组织使命就是方向，就是旗帜，就是走什么样的道路。领导者不能明确组织使命，组织就会迷路，就会失去立场，就会走上歧路。

领导者还要善于将组织使命转化为组织目标。领导者要运用目标管理的方法，将组织目标层层分解，并将之贯彻到组织的最基层。不能转化组织使命、不能贯彻组织使命的领导者，不是卓有成效的领导者，也不具有卓有成效的领导力。英国马狮集团，其组织目标就是通过向底层百姓销售物美价廉的服装而消除阶级差别，实现社会平等。该公司几十年如一日坚持这一使命，取得了辉煌成就。

组织的使命是单一的，但实现组织使命的目标是多元的。领导者必须选择目标实现的次序，这是有效实现组织使命的前提。组织目标有长远目标和短期目标，成功的领导者应该善于平衡二者关系。长远目标有利于组织使命效用最大化，短期目标则可以维系组织的存在和发展。领导者重视短期目标，是为了防止组织眼高手低，缺乏对市场的反应能力；而重视长远目标，则是为了防止组织闭目塞听、止步不前。领导者应该使组织的长远目标和短期目标统一起来，在具体业务中重视短期收益，在重大决策中则侧重组织的长远需要。领导者应该有开阔的眼光、博大的胸怀，既要重视利益，同时又必须面向未来。关注未来、充满理想，这是成功的领导者必备的条件。

不同的组织拥有不同的使命和目标，因而其行为规则也不同。如果麦当劳采用和百度一样的行为规则，那么麦当劳就只能关门。因为麦当劳是餐饮业，要求其员工必须在岗；而百度是网络技术下的搜索引擎，他们需要的是个性化地完成业绩，因此员工在不在办公室并不重要。

领导者制定规则，更重要的是以身作则地执行规则。否则，规则就失去了合法性，就会失去约束力。联想集团的员工都知道柳传志罚站的故事。柳传志在联想集团时曾制定过一个规则，开会迟到者必须罚站。有一次他因为商务约见而迟到了，于是就根据规则自己罚站了半小时。规则一旦制定，就必须执行，而且领导者要带头执行。领导者破坏规则，就是在破坏自己的领导力。

第二，成功的领导者要明确自己应该做什么。领导者要不断地思考"我应该为组织做什么"，而不是"我能做什么"。领导者应该做自己最擅长的事，成功的领导者要认清自己的优势，要相信自己的判断，千万不要轻易改变自己的决策，更不要邯郸学步、东施效颦。每个领导者都有自己的风格和特色，不要改变自己的做事风格，不要轻易尝试自己根本不相信的事，应该学会用自己现有的主观能力来努力确保任务完成、目标实现。领导者应该准确地给自己的角色定位。领导者是组织的掌舵人，是组织前进的方向盘，领导者必须为组织的发展承担责任，所以领导者不能问自己能做什么，而要问自己该做什么。领导者往往偏重对自己能力的考量，而缺少对自己责任的反思。对责任反思的力度，体现出领导者对自身角色定位的准确度。领导者切忌好高骛远，不要奢望未来会发生什么，而要立足于现在需要做什么，要充分发掘现有条件：包括主、客观条件，不断地用平凡的人创造不平凡的业绩。领导者最需要的就是化腐朽为神奇的能力。

无论怎样，成功领导者的一切决策和行为都要以结果为导向，只有面向结果，才能面向未来。

第三，成功领导者要善于授权，不要事必躬亲，更不能嫉贤妒能。授权是重要的领导艺术，领导者应将主要精力放在重要的问题上，别人可以替代的工作都尽可能授权让别人去做。

领导要会用人，要敢于起用比自己更优秀的人。唐太宗李世民资质中等，其文不如隋炀帝，武不及汉武帝，却能既不重蹈炀帝之亡，又不坠入武帝穷兵黩武之失，并开创了辉煌的贞观之治，其根本原因就在于他善于用比自己更优秀的人。煌煌贞观，人才济济，谋断有房玄龄、杜如晦；谏诤有魏征、马周；将帅有尉迟敬德、侯君集……倘若李世民闭目塞听，不能容人之长，又哪来的盛唐气韵？

成吉思汗被尊称为“天可汗”——可汗中的可汗，他一生南征北战，纵横天下，用人无数，除了他的亲属，其部下未有一人背叛过他。千古帝王，无出其右。他的用人之道，就是用人之长，礼贤下士。他手下猛将如云，如“四杰”“四子”“四勇”等，即使文弱如丘处机，亦是其座上宾。不能用比自己更优秀的人，领导者的事业就不能成功，至少不能做到最好。

福特公司两代掌门人——福特一世和福特二世成败均在用人上。当公司处于危难时，他们敢于起用人材。然而一旦事业冲天，他们就嫉贤妒能，担心下属功高盖主，进而坐卧不安，不惜换将。尤其是福特二世，当艾柯卡把福特公司的事业推上顶峰时，他却对艾柯卡心生猜忌，将他免职，并让他去一个破仓库上班，以侮辱他。谁料艾柯卡绝地反击，勇敢地进行二次创业，大获成功，成了真正意义上的美国英雄。而福特公司却因此而陷入困境。

现代商场硝烟弥漫，竞争激烈，领导者必须学会用更优秀的人。能不能用比自己更优秀的人，体现的是领导者的心胸和视野，也是衡量领导素质的重要尺度。

第四，成功领导者必须做最重要的事。很多领导者具有非常优秀的办事能力，他们能八面玲珑、左右形势，但他们往往因不能确定所做事情的有效性与重要性而被迫沉迷于琐碎事情中，从而无法做出与他们能力相匹配的业绩。

有个领导，做事非常干练，他有一套自己的做事方法，他很善于把握形势，但他却长期无法得到提升，原因在于他的成绩并不突出。他把大量的时间花费在怎样和别人搞好关系上，包括和上级、下级及客户。他不断地和这些人周旋，花费大量的精力去应酬。在觥筹交错中，他缺少时间提高业务水平，缺少时间明确自己的方向，其业绩当然不能提高。

这样的领导者在我们身边非常普遍，他们并不缺少能力，而是未明确自己的职责不能有效地将自己的能力转化为业绩。领导者应将主要精力集中在统筹全局上，应该以结果为导向，而不是浪费自己的精力去做一些没有长远价值的事。

领导者应该是战略家，而不是做事者。中国的领导者过于笃信

“哥们就是生产力，餐桌产生凝聚力”的酒桌文化，而忽视了作为领导者的基本职责。这是领导者必须认真反思和解决的问题。

领导者如何赢得信任

信任是一种无形资产，也是走向成功之路的通行证。领导者必须赢得下属的信任，只有拥有支持者的领导，才能有效地提高绩效。

下属对领导的信任来自于领导者把工作作为自己的事业，工作就是工作，绝不牵涉其他因素。在任正非看来，一个卓有成效的领导者，必然讲求原则、以结果为导向，且善于运用领导艺术来解决问题。更重要的是，他们所具有的品质能使下属心悦诚服。他们持事以公、就事论事，赞扬下属是出于真诚，批评下属也是出于真诚。他们严格要求自己，也严格要求下属，他们不留情面不是出于私利和成见。他们的所有行为都体现出一种负责的精神，这种精神使他们能为企业的绩效和未来负责，能为员工的成长负责。

很多领导者把获得下属的信任误解为给下属实惠，和所有人都打成一片。其实，这只是一厢情愿。作为领导者，必然要贯彻企业的各项决策，因此必然需要在很多问题上坚持原则，这就必然使某些人不满。真正的领导者都善于团结大多数，但绝不逾越自己的底线。他们的领导力不是通过他们建立良好的人际关系来表现，而是通过他们坚持原则、敢于纠正下属工作中的失误来体现。一句话，领导者要通过以理服人来赢得下属的信任。

松下电器的创始人松下幸之助批评下属很出名，但他有一个特点，就是边批评边讲道理，让下属虽然挨了批评却心服口服。以理服人是松下赢得下属尊重和信任的重要原因。

有近重信1936年毕业于高工电子科，进入松下电器后被分到电池厂。按规定，生产技术人员必须先到第一线实习，整天跟黑铅锰粉打交道，弄得浑身黑乎乎的。

有近重信进厂不久，松下来电池厂巡视。有近见进来一个穿礼服的绅士，立即跑过去把他拦住，问道："请问你有公司参观证吗？"

松下心想我是老板，还用什么参观证，于是说："没有。"有近把双臂一伸，毫不客气道："那就对不起，不能进去。"

"我是……"

"你是天王老子都不许进！"有近打断松下的话，说，"我们老板松下先生有规定，没有公司的参观证，任何人都不得进来！"

这时门卫慌忙赶过来，让松下进去。松下见了厂长井植薰说："你们员工中有个很固执的家伙，大概是新来的吧，死活不让我进来，真是个很有特点的人。"

这件事给松下的印象很深，他认为有近是个可造之才，原则性很强。所以井植薰每次去汇报工作，松下都要问问有近的情况。

过了一段时间，电池厂盖成品仓库，由于松下的坚持，仓库决定采用木结构。井植薰把设计任务交给有近，有近说："我是学电子的。"井植薰说："我是做操作工的，现在不是也在做厂长吗？"

有近学过普通力学，经过计算，他认为需增加4根柱子才能达到安全标准，其他的就没有多考虑。仓库落成那天，松下见中间竖有4根柱子，大为不满，先把井植薰批评了一通，然后又把有近叫了进去。

刚开始有近的心里不服，可到后来，有近终于明白了。

松下的意思是，他不知道要立柱子才坚持用木结构的，而有近明知要立柱子却不敢坚持使用钢筋结构。井植薰自己不懂，才找有近来帮忙。而有近明知不好，却偏偏要这么设计，这才是让松下恼火的原因。

有近后来回忆道："我就这样被训斥了整整 9 个小时，从下午 3 点到深夜 12 点，连晚饭都没吃。我心里想：这老家伙，去你的！可后来听懂了总裁的意思，才明白确实是自己的错。"有近后来成了公司技术部的负责人。他的成长，与松下的"锻打"有相当的关系。

不仅对普通的下属，就是对公司的管理人员，松下也会让他们明白道理，从而让大家心服口服。

领导者要在下属中树立权威，赢得人心，就要做到以理服人。俗话说"有理走遍天下，无理寸步难行"，领导者在工作中一定要注意以理服人，尤其是在批评下属的时候一定要先摆事实、讲道理，让下属真正知道自己错在什么地方。这样，你才能赢得下属的敬重和追随。

中国式企业管理的中心问题在于领导者，在于老板。作为企业的灵魂人物，领导者必须以身作则，必须树立权威，必须赢得信任，必须身先士卒。没有鼓动性和领袖魅力，企业的很多目标就无法完成。中国企业的领导者不同于西方企业的领导者，我们要付出得太多，而且作为公众人物，领导者必须检点自己的行为。

领导者获得下属的信任，就可以凝聚企业的向心力，使企业员工能够劲儿往一处使，心往一处想。无论我们强调怎样的管理理念，都无法代替领导者的作用，因为领导者获得的信任力越强，其事业成功的可能性就越大。

任正非认为，下属信任领导者，并不完全是由于领导者的能力，而是因为领导者所具有的一些品质，比如责任心、正直等。由此就可以解释，为什么那些严厉而坚持原则的领导者所获得的拥护反而更多。"大道至简"，领导者要经营好自己的事业，关键要经营好自己的人品。

蒙牛集团刚建立时，资本不足 100 万，且是 10 人出资，没有工厂，甚至没有自己的办公场所。然而所有的人都是冲着牛根生这个人去的，大家信任老牛（老牛是蒙牛的创业者对牛根生的敬称），相信他能做好伊利，就有办法经营好蒙牛。当伊利集团有300多人“弃明投暗”追随牛根生之时，这个一无所有的草原企业家一定最开心，因为他拥有别人的信任。我们今天反观蒙牛集团的成长速度，有人觉得不可思议。其实回归到人的因素上来，我们就能理解，一个被下属如此热爱和信任的领导者，他几乎无所不能。

敢于对过失负责

领导者之所以是领导者，关键在于领导者愿意承担责任。任正非认为领导者是企业的真正负责者，领导者必须对过去负责，包括过去的成绩与过失。因此，所有下属的成败都是自己的成败。成功的领袖必须勇于为他的追随者的错误与缺点所造成的损失承担责任。如果他企图回避这项责任，那么他将无法再担任领袖。如果一个追随者犯错，并且出现能力不足的现象，那么，这位领袖必须认为这是自己的失败。

领导者不要出了问题就把责任全部推给下属，而是要主动承担责任。敢于主动承担责任的领导者，一定会赢得下属的信任。危难时刻向下属伸出一只手，比成功时伸出两只手更有意义。如果下属犯错，即使领导者不负有直接责任，也负有间接责任。领导者应该和下属冷静地分析问题，而且不要怕犯错误，因为任何成功都建立在错误的基础之上。领导者在危难时刻能替下属承担相应的责任，这是领导者之所以能作为领导者的重要前提。

作为蜚声世界的经营之神，松下幸之助敢于承担责任的事迹在日本商界传为佳话。

一次，一位下属因疏忽而使一笔货款难以收回。松下幸之助知道后勃然大怒，在大会上狠狠地批评了这位下属。事后，他为自己的行为深感不安。因为那笔货款发放单上自己也签了字，下属只是没把好审核关而已。既然自己也应负一定的责任，就不应该这么严厉地批评下属。松下对自己的冲动行为懊悔不已。于是，他马上打电话给那位下属，诚恳地道歉。恰巧那天下属乔迁新居，松下幸之助登门祝贺，还亲自为下属搬家具，忙得满头大汗，令下属深受感动。一年后的这一天，这位下属又收到了松下幸之助的一张明信片，松下在上面留下了一行亲笔字：让我们忘掉这可恶的一天，重新迎接新一天的到来！看了松下幸之助的亲笔信，下属感动得热泪盈眶。从此以后，他再未犯错，对松下公司也忠心耿耿。松下认为，作为领导者尤其是高层领导者，必须为企业的发展负责，即使是下属的错误，领导者也必须勇于承担责任。

作为领导者，当然要授权你的下属去做那些具体的事情。怎样去做完全由他们自己决定，但最后负责的只能是你，不管你的下属工作得好还是坏，结果全由你承担，这就是你作为一个领导者的义务和责任。

领导者既然负全部责任，领导者犯错就应该及时解决和纠正。勇敢承认错误，有错能及时改正，这才是上善之举。

爱华公司的董事长兼总经理小林村子是位杰出的电器方面的专家，他的公司在他有效的领导下发展成为日本首屈一指的国际大公司。有一次，在召开董事会时，小林村子进行自我检讨，他说："所有处于高层领导的人，不论性别、年龄的差异，他们都有一个致命的错误，那就是在错误面前不敢站出来勇敢地面对而是遮遮掩掩，生怕所犯的错误给他的身份抹黑。其实谁不曾犯过错误呢？但重要的不是已犯下的错误，而是对错误的正确面对，以及深刻的反思，以求得更多的经验教训，避免以后再出现类似的错误。勇敢地面对错误、承认错误并及时加以改正，这才是作为一个领导人稳重、成熟、坚强、公平的表现。”

小林村子的这段话充分说明：作为一名高层领导，应该时刻进行自我反省，及时发现自己的过错并毫不掩饰地勇敢承认，并且还要设法努力改正。

IBM电脑公司的总负责人史迪夫认为，错误是一个人一生中不可缺少的一部分。没有它，我们就不会认识到事情的价值，就不会把事情做得更好，也就没有进步的机会。从这个方面来讲，错误也就是给人们一次再学习的机会，如果你不好好地把握这个机会，那你就真正犯了大错误。

作为高层领导者，要像松下幸之助、小林村子和史迪夫那样，敢于自我反省，敢于承认自我过失。这是领导者走向成功的关键。

作为中层领导者，经手的更多是具体事务，犯错的概率更高，这样领导者就更要准确地认识自己的责任，而不是推诿扯皮。

杰克是一家公司的采购主管，有一次他听信了部门经理助理的建议，大量采购韩国生产的一种产品，因而透支了公司账户上的采购资金。当时其公司对采购制定了一条至关重要的制度，即不可以透支账户上的存款余额。也就是说，如果账户上不再有存款，就不能再采购新的商品，直到重新把账户补满为止，而这通常要等到下一个采购季节。

采购完毕后，杰克没有想到部门经理突然通知他，有一种日本企业生产的新式提包在欧洲市场上很受欢迎，要求他采购一部分。这让杰克措手不及——经理的指令一定要执行，可是采购资金已经透支了，用什么采购？他想向经理说明情况。这时，一位同事向杰克进言：把责任推到经理助理身上。杰克想了想，认为不妥。他认为，如果把责任推给经理助理，那他们必然陷入无谓的争吵，从而耽误采购那批提包。况且，采购是自己的事，自己就必须承担责任。杰克向部门经理如实汇报了采购韩国产品的事情，坦率地承认是自己的失误，并申请追加拨款，采购日本提包。

部门经理并没有生气，而是被杰克勇于负责的精神所感动，很快设法给他拨来了一笔款项。后来，那种韩国产品和日本提包推向市场后深受顾客欢迎，销售非常火暴。

杰克勇于承担自己的责任，反而使事情得到顺利解决，从而提高了工作绩效。德鲁克认为，作为领导者，坚持绩效精神，敢于面向结果，这是卓有成效的管理者的基本素质。

正直是块试金石

一个企业充满斗志，其原因一定是企业的最高领导者有崇高的道德品质；而一个企业如果懒散堕落，其根源一定是企业的最高领导者品质恶劣。所以，他主张，企业的领导者一定要培养自己做人的境界，要坚持原则，要有一颗正直的心。

从2005年开始华为通过宣誓的方式要求所有干部杜绝腐败；2013年年初又召开董事会自律宣言宣誓大会；2014年9月，华为首次召开企业业务的经销商反腐大会，通告最近的反腐情况，并与经销商共同商讨反腐的制度建设。截至8月16日，已查实内部有116名员工涉嫌腐败，涉及69家经销商，有83名华为员工内部坦白，29 名主动申报，其中 4 名被查出来的问题员工则被移交司法处理。

华为对腐败零容忍，华为总裁任正非曾强调，没有什么可以阻挡华为公司前进，唯一能阻挡的，就是内部腐败。

领导者把建立正直品格作为事业的资本，做任何事情都以正直为准绳，即使他一时无法获得盛名与巨大的利益，也终不至于失败。而那些人格堕落、丧失操守的人，却永远不能成就伟大的事业。

很多领导者信守厚黑学之类的东西，他们过分地注重技巧、权谋和诡计，却忽视了对正直品格的培养。很多伟大的公司都愿意用公司创立者的名字作为公司的名称，就是因为这些名字代表着信用，能使消费者感到可靠。

有一些人明明知道坚持正直人格的重要性，却依然我行我素，不将事业的基础建立在正直的品格上，反而建立在技巧、诡计和欺骗上。这种行为就像自杀一样，明知结果，却还要奋不顾身地投入火坑。

中国传统士大夫有强烈的价值关怀，他们秉承“知其不可为而为之”的儒家精神，坚守正直的品性，使后人敬服。唐代的魏征就是著名的例子。作为谏议大夫，他敢于直言、讲真话，协助唐太宗开创了“贞观之治”的盛世。一次，传旨官突然来向魏征宣诏，说是皇帝有旨，要征集 16 岁以上身强力壮者入伍。魏征认为天下初定，连年的战争和灾荒已使百姓中壮丁很少，这样突然的征兵会不利于国家安全和稳定。当他了解到这是宰相封德彝的主意时，他说：“封德彝无视国家现状，征兵的主意不合时宜。”他让传旨官告诉唐太宗，这种事不合法令，他难以听从命令。魏征公然抗旨不遵，吓得传旨官魂不附体，力劝他接旨，其他朝臣也为他捏了一把汗。可魏征依然故我，泰然自若，竟反背双手在大厅里踱起步来。这时，传旨官又传来第二道旨意，让魏征速派人征点壮丁入伍。魏征仍然坚决不接旨。传旨官好心提醒他，万岁要动怒了。魏征却昂然回答："绝不苟且从命。"传旨官无法，只得奉命叫他入宫见驾。李世民认为魏征太固执，责问他："征点壮丁入伍有何不可？为什么屡抗朕命？"

封德彝则添油加醋、火上浇油说："君命也不执行，怎能治理国家？"

魏征毫无惧色地反驳说："难道大律不是君命？大律也是陛下亲自颁发的，倘若连陛下也违反大律，朝令夕改，怎么能治理好国家？"

李世民非常生气地问道："朕何事违律乱章？又何事朝令夕改？"

魏征正色道："陛下8月即位时，曾下诏全国免征免调一年，百姓闻诏皆欣喜若狂，欢呼皇恩浩荡。可至今不到4个月，陛下就开始宣旨征兵，这怎能取信于民？按国家唐律规定，21岁至59岁的男丁方可征调。封大人怎能知法违法，有辱君命？"

唐太宗听了很受启发，立即下令停选壮丁入伍。全朝文武官员对魏征这种刚正不阿、正直诚实的品格非常敬佩。唐太宗也很赞赏他的忠谏，将他比喻为检查自己得失的一面镜子。

儒家文化强调："为天地立心，为百姓立命，为往圣继绝学，为万世开太平。"正是这样一种宏大的精神境界，支撑了魏征正直为官的品性。倘若魏征也像其他官员一样，不能直言上谏，不能秉公做事，"贞观之治"就要大打折扣了。作为一个领导者，公正无私、坚持原则是最要紧的品格。领导者正是通过正直的品性来树立威信，来建立积极向上的企业文化，来推进企业发展的。

正直是领导者行为的试金石，这就意味着领导者做事要一碗水端平，对所有人要一视同仁，这也包括对员工的评价。公正的评价会使员工获得心理平衡，更能激发员工高昂的工作积极性。

公正评价每位下属是卓有成效的领导者的共同点。为了评价下属，他们会及时记录每位下属的表现。下属的表现只有通过长期的工作才能体现出来。只有长期注意记录下属的行为，领导者才能真正地了解下属。当领导者通过手头的记录去表扬某些工作干得好但又不被人注意的下属时，他们会备感欣慰，从而把工作做得更好；如果是批评某些下属干得不好，虽然他们会在短时期内情绪低落，但很快就会了解到领导者公正待人的做法，同时会重新认识自己工作中的不足，变后进为先进。公正评价可以消除领导的傲慢与偏见。

管理者的公正无私也表现在对下属的奖惩上面。成功的领导者往往在奖惩方面做得相当完美，能够充分地调动下属的积极性，形成人人争上游的局面，从而给企业带来无限的生机和活力。反之，如果奖惩做得不好，不仅达不到激励下属的预期效果，反而会造成不可收拾的后果。例如，优秀的下属在工作中做出了相当大的贡献，但令人遗憾的是，他并没有得到与他所做贡献相对应的奖赏，收入没有与贡献成正比例增长，而那些并没有做什么实际工作的人却得到了加薪、分红，这会严重打击下属的工作积极性。公正的奖惩制度意味着不偏不倚，意味着对每位下属工作业绩的肯定。一个崇尚正直的企业，一定是以结果为导向的企业。

卓越的领导才能

云管理告诉我们，领导者应该具备卓越的领导才能。卓越的领导才能，是指领导者应该从组织的日常管理活动中发现问题。领导者是战略家，要立足组织的长远发展。但领导者的决策不能脱离企业现状，要善于从日常管理实践中找到影响组织长远发展的因素。以小见大，见微知著，这种从细节中发现问题的能力并不是每个领导者都能具备的，而且也不是每个领导者都能行之有效地坚持进行的。很多领导者忽视了自我洞察力的培养，所以，德鲁克说，卓越的领导才能是一种洞察力。

领导者要具备卓越的领导才能，必须注重组织内的日常管理实践和管理活动。这并不是说领导者要关注下属的日常事务，对下属的所有活动都指手画脚，这样的话就与授权原则背道而驰了。领导者并不是进行微观管理，而是要通过关注企业的日常管理来了解自己的企业，来明确不同管理者的责任，来制订战略和进行决策。领导者没有必要事无巨细、亲力亲为，而只需时刻保持敏锐的观察力，从日常管理中发现问题，并及时着手解决问题。

著名的管理顾问斯蒂芬·柯维曾指导过一位公司资产额达60亿美元的董事长。他告诉这位董事长，领导才能并不是陷入日常管理中，而是如何从细节中发现问题。但这位董事长并不认同。不久，柯维和这位董事长走出办公楼时，发现一名保洁员正拿着耙子打扫落叶，而他所用的耙子只有5根耙爪——本来应该有31根。

董事长停下来问保洁员："请问你在做什么？"

"我正在打扫树叶。"

"你为什么使用这支耙子？用它能扫起多少叶子呢？"

"因为他们只拿了这支给我用。"

"你为什么不去找一支好一点的用呢？"

当保洁员走远后，董事长显然很生气："好耙子仓库里多得是，可他竟然埋怨别人没给他！类似的事天天都在发生。我们所进行的两项大型发展计划进度及两条生产线的进度已经落后，眼看资金一点一点流失，可各部门经理们却似乎无动于衷，就像刚才的这个保洁员！我的下属总是不停地抱怨，只因他们觉得自己巧妇难为无米之炊，而我认为真正的原因是他们缺乏危机意识。如果我不能给他们可用的工具，他们就不顾工作是否有效而得过且过！我必须找到管理保洁员的那个监工，狠狠地训他一顿，确保每一个保洁员都能得到一支好一点的耙子！”

柯维认为董事长并没有真正认清问题，“你以为这样做就能解决问题了吗？在这件事里，谁该对这位保洁员和耙子的问题负责呢？”

董事长想了想说：“保洁员本人应该负责，毕竟他是唯一可以决定自己是否用了合适的耙子的人。我们总是弄得每个人忙得团团转，却无法使他们尽义务。只要我们能够解决责任的问题，我们所有的问题都能解决，每个人都必须为自己的绩效表现而负责。但是，监工真的一点责任都不必担负吗？”

柯维说：“是的，他要负责，但不在于为保洁员找支好耙子。他的职责在于使保洁员尽职地把工作做好，他的工作是让保洁员负起责任来。而在最合理的情况下，还有谁需要为找到好耙子来负责？”

董事长思索片刻道：“我敢打赌我不是第一个看到他在使用那支坏耙子的人。从理论上而言，任何看到他的人都可能已提醒过他，所以每个看到他的人都该感到有责任去告诉他找支好的耙子。”

“那么你要扮演什么样的角色？”柯维继续说。

董事长恍然大悟道：“最根本的其实是我自己该负责，因为我没有找到问题的症结所在。我需要解决的真正问题点是自己缺乏责任感，但我却只看到了一些表象，并陷入表象而不能自拔。”

上述材料中的董事长注意到了管理中的具体问题，然而他看到的只是表象。他看到保洁员使用的工具不对，但他差一点就陷入具体问题的陷阱中，而没有意识到真正需要他解决的问题——如何建立责任体系，使分工明确、指派得力。领导者不应该也没有精力去关注那些细节问题，但是领导者必须具备从细节中发现问题的能力。正如那位董事长，经过咨询专家的提醒，他敏锐地意识到了该如何发现问题背后的问题，该如何抓住管理活动中的本质，该如何明确责任，那么他一定找到了解决问题的方法——建立完整的责任体系。

领导者必须明白，对于百常管理中的问题，不要干预，而要关注，不必拘泥于细节，但必须重视细节。领导者应该具备反思问题的能力，而不是对具体事物指指点点。领导者应该借助具体的手段来了解最基层的管理现状，领导者不能脱离管理实践空谈管理，而是要超越具体问题，并为完善企业的管理机制和管理制度而努力。

真正的领导才能是善于从细节中发现问题。成功的领导者肯定富有洞察力，并会保持一颗敏锐的心。绝大多数领导者都自认为对自己的组织非常了解，事实恰恰相反，正是由于思维惯性，领导者会对一些组织内的问题视而不见、习而不察。正是基于此，领导者往往过分相信自己的能力和判断，他们往往认为“老马识途”，却忘记了老马也会迷途；他们总是把问题推给明天，总以为“瘦死的骆驼比马大”，却忘记了“千里之堤，溃于蚁穴”；他们总以为“强大的狮子都是独行侠，只有绵羊才成群结队”，却忘记了“虎落平阳被犬欺”。任何问题都有辩证性，领导者要具备真正的领导才能，就必须运用辩证思维，全面地认识问题，既能由小见大，也能由此及彼。这样才能达到管理的真境界。

云管理下的领导者能力

领导者与责任、品性等密切联系，但这些都只说明领导者应该做什么。要衡量领导者的领导力，我们还必须考察领导者的能力。任正非认为，成功领导者必须具备 4 种重要的能力。

1. 虚心倾听

作为领导者，虚心倾听是对下属人格的尊重，也是对他们工作的激励。当下属向领导陈述他们的意见时，至少已经说明，他们希望从领导者这里获得支持、帮助或鼓励。如果领导者置若罔闻，就会使下属对领导的信任付诸东流。

领导者一次心不在焉的倾听，可能就会使企业失去发展的大好机遇。本田宗一郎的一次经历就充分说明了领导者倾听的重要性。

这件事让本田宗一郎终生难忘。

有一次，一位名叫罗伯特的技术骨干来找本田，当时本田正在休息。兴奋异常的罗伯特把花费了一年心血设计出来的新车型拿给本田看："总经理，您看，这个车型太棒了，上市后绝对会受到消费者的青睐……"

罗伯特看了看本田，发现本田似乎没有听他讲话，于是他收起了设计图纸转身离去。此时正在闭目养神的本田觉得不对劲，急忙抬起头叫了声"罗伯特"，可是罗伯特头也没回就走出了总经理办公室。

第二天，本田为了弄清昨天的事情，亲自邀请罗伯特喝茶。

罗伯特见到本田后，直截了当地说："尊敬的总经理阁下，我已经买了返回美国的机票。谢谢这两年您对我的关照。”

“啊？这是为什么？”本田异常吃惊道。

罗伯特看到本田满脸真诚，便坦言相告：“我离开您的原因是由于您没有自始至终听我讲话。就在我拿出我的设计前，我提到这个车型的设计很棒，而且还提到车型上市后的前景。我以它为荣，但是您当时却没有任何反应，而且还低头闭目养神。我很生气，就改变主意了！”

最后，罗伯特拿着自己的设计到了本田的竞争对手福特汽车公司。他的设计受到了福特高层的关注，新车的上市给本田公司带来了很大冲击。

本田宗一郎只是因为一次偶尔的疏忽，没有认真倾听罗伯特讲话，结果就失去了这位优秀的技术骨干，给自己的公司造成了严重的损失。所以，领导者必须关注下属的心理感受，不要总是从自己的角度思考问题。不能虚心而诚挚地倾听，就会使下属怀疑领导者是否重视自己。

领导者必须谨记：最有价值的人，不一定是最能说的人。老天给我们两只耳朵一张嘴巴，本来就是让我们多听少说的。善于倾听，才是成功领导者最基本的素质。

2. 学会主动与人沟通

在现今的企业组织中，企业的中间层次越来越庞大，很多问题的解决都需要通过沟通来实现。领导者如果不善沟通、不乐于沟通，就会增加组织的沟通成本，也会使领导者和下属存在隔膜，这非常不利于领导者进行有效的领导。

领导者应该向索尼公司的创始人盛田昭夫学习，他是沟通的高手。他总是不厌其烦地和基层员工沟通，通过这种手段他提高了企业的凝聚力，也提升了企业的竞争力。

盛田昭夫认为，领导者应该和员工进行无障碍沟通。从公司创建开始，他就坚持与每一位职员进行接触。他整天都与年轻职员们一起吃饭、聊天，直到深夜。随着公司规模日益扩大，要做到这样已不太现实了，但他仍尽可能利用一切机会与基层职员接触，以便相互了解、增进感情。

有一次，盛田昭夫去市中心办事，刚好有一段空余时间，他就去街上闲逛。偶一抬头，他看见“索尼旅游服务公司”的牌子。这个店他还从没听说过，于是他就跨进去。

盛田昭夫对大家说：“各位认识我吗？想必已在电视上或报纸上见过了吧！今天我特意来，让你们瞧瞧我的尊容，看与电视上有什么两样。”

所有的人都被他的话逗乐了，气氛变得活跃而轻松。虽然大家的交谈只进行了几分钟，但盛田昭夫善于沟通、乐于沟通的精神却让这些员工念念不忘。

“各位认识我吗？”多么简单的一句话，却瞬间拉近了盛田昭夫和员工的距离。索尼公司正是通过这种无障碍沟通，提升了企业的向心力。无独有偶，韦尔奇在执掌通用公司时，也通过倡导“无边界沟通”取得了巨大成果，这一方法促使其他企业纷纷效仿。在没有电邮的时代，韦尔奇就已经通过便条和最基层的员工进行沟通。这种方式正是德鲁克所期望的，真是英雄所见略同。领导者必须乐于进行沟通，通过沟通来提升自身的领导能力。

3．不妄自尊大

骄兵必败的道理其实所有领导者都明白，但关键是如何把这种意识落实在行动上。伟大的领导者都知道自己能力的局限性，因此总是很谦虚地接受别人的提醒。然而更多的领导者在取得了一定成就后，就被胜利冲昏了头脑，结果骄傲滋生惰性，成功后忘却了失败。这种“好了伤疤忘了疼”的做法充分说明人是健忘的，所以领导者必须时刻提醒自己：不要太轻狂，不要妄自尊大，要实事求是。

爱迪生是蜚声世界的发明家，其一生都在努力推广电能的使用，然而其晚年却由于妄自尊大，清誉尽失。

众所周知，爱迪生是电灯的发明者，是人类历史上最伟大的发明家之一。他仅受过3个月的正式教育，可他一生却取得了1000多项发明专利。

他年轻时非常谦虚。由于缺少自然科学的正规教育，在1879年研制出第一盏可供试验的白炽电灯之前，爱迪生寻找灯丝的办法就是不厌其烦地试验。最终他试验了成百上千种物质，结果均告失败。当有人幸灾乐祸地问他有何感想时，爱迪生平静地说：“我们没有失败，我们已经证明了这么多物质不适合做灯丝。”这是多么积极的心态！他还曾说过：“当试验失败时，不要把它扔掉，不妨再问一句：‘这东西还有没有别的用途？’如果有，我就要说：‘当初我要发明的就是它。’”爱迪生正是凭借其孜孜以求的精神和谦虚为人的作风取得了巨大成就。然而，到了晚年，爱迪生曾说过一句令我们瞠目结舌的话：“你们以后不要再向我提任何建议，因为你们的想法我早就想过了！”

1882年，在白炽灯彻底获得市场认可后，爱迪生的电气公司开始建立电力网，使人类由此开始了电力时代。当时，爱迪生的公司靠直流电输电。不久，交流电技术开始兴起。但受限于数学知识（交流电需要较多数学知识）的不足，更受限于狂妄自大的心态，爱迪生始终不承认交流电的价值。凭借自己的威望，爱迪生到处演讲，不遗余力地攻击交流电，甚至公开嘲笑交流电唯一的用途就是做电椅杀人！当时，发展交流电技术的威斯汀豪斯公司被爱迪生搞得很狼狈。

然而事实胜于雄辩，那些崇拜、迷信爱迪生的人在铁的事实面前惊讶地发现：交流电其实比直流电要强得多！于是人们愤怒了！而爱迪生公司的员工和股东更引以为耻，干脆将公司名字中的“爱迪生”三个字去掉，改成了后来闻名遐迩的通用电气公司。

爱迪生半生辉煌，却在人生将要谢幕时栽了一个致命的大跟头，而且再也没能爬起来，这成了他一生最大的耻辱。

英明一世，晚节不保，真是可惜。然而这样的例子并不鲜见，牛顿也出现过这样的失误。李自成未进北京城时，谦虚谨慎；进了北京后，就不可一世，结果迅速败亡了。因而，领导者必须警醒，越是在胜利的时候，越不要妄自尊大。从失败走向胜利难，从胜利走向胜利难上加难，但从胜利走向失败却易如反掌。

4. 不要为错误辩解

这个问题显而易见，领导者的这种能力，是对领导者最基本的要求。

成功的领导者都必须具备这 4 种能力，个性化领导更需要这些能力的支撑。

危急时刻的中流砥柱

任何企业都会遇到危机，如何化解危机最能体现领导者的领导水平。领导者不应该在面对危机时束手无策，而要善于预测危机、避免危机。“凡事预则立，不预则废”，领导者需要对危机做出基本的认识和判断。德鲁克认为，领导者即使不能避免危机，至少也要预测到它，绝不能坐以待毙。善于预测危机的领导者，才能带领组织化险为夷。

组织面对危机时，领导者是组织的主心骨，是组织的中流砥柱。可以这样说，领导者就是组织的中枢神经。他必须对外界及组织内部可能发生的暴风雨做出快速的反应，进而根据暴风雨的层次积极调适，争取渡过危机。

领导者要应对危机，首先必须预测危机。领导者的一项重要任务就是对组织前景的预测，当然也包括对可能发生的危机的预测。预测并不是猜测，而是全面地认识组织所处的发展阶段及行业发展现状。通过对组织全面而细致的考察，进而发现问题背后的问题，找到趋势深处的趋势。

很多领导者只是夸夸其谈如何应对危机，却不能从现实出发，从而尽可能地预防危机、杜绝危机。

有这样一个故事。一对夫妻在谈论未来时，男人说："假如有一天我中了风，不能说话了，你可要满足我最简单的要求。"女人问："什么要求？"男人说："我要是眨一下眼就是想吃鱼，再眨一下眼就是想吃炒饼。要求很简单，你一定照办。"妻子说："你要是不停地眨眼，我可真猜不出你再想吃什么了。再说，你要是不能眨眼睛怎么办？""就两样，就两样，我的要求很简单。"男人说。妻子最后说："你现在最简单的做法是把烟酒都戒了，这样离眨眼就远了。"

危机时刻都有可能发生，但不能无中生有地幻想危机。正如案例中的男人，他预测危机，却不能真正从现在开始预防危机。这样的预测，是在等待危机的到来，是一种不作为的行为。领导者如果以这样的思维去面对危机，那他至少不是合格的领导者。成功的领导者都会思考怎样通过预测危机从而杜绝危机，而不是挖空心思地制定危机预警机制。

成功的领导者在危机到来后不会手足无措，而只会镇定自若地解决危机。领导者必须明确，不能应对危机，组织就只能败落，甚至无药可救。领导者成功的理由可能有千万个，但领导者失败的结果却只有一个！

三株集团曾是 20 世纪 90 年代中国民营企业的佼佼者，它创造了中国企业营销史上的奇迹。然而谁也不曾料到，1998 年的一场不期而至的危机，却几乎将这个明星企业推向破产的深渊。

事件的直接肇事者仅是湖南常德一位已 77 岁高龄、身患多种严重疾病的过世者。其子声称他父亲在 1996 年 6 月服用三株口服液后引起高蛋白反应而于两个月后死亡，因此向三株索赔 300 万元。“常德命案”发生后，三株在常德的分公司将此事上报总部，总部派了一名副经理去死者家中探望。三株认为对方在没有证据的情况下要求三株承担死亡责任，这是他们难以接受的。他们放弃了花钱消灾，而轻率地选择了法庭解决。

事后，三株员工在反省时承认，事发伊始，公司对这件事的严重程度就重视不够。当与对方的调解陷入僵局时，三株没有及时请公安部门介入，进行严格的司法调查，从而及时澄清事实、消除后患，也为日后可能的纠纷搜集证据。等到后来出现法律纠纷而又活不见人、死不见尸时，案情便出现了谁都说不清的复杂局面，而这对三株来说无疑是灭顶之灾。

即使事件演变为法律纠纷，三株的领导者对案情的复杂程度依然认识不足。直到宣判当天，l998 年 3 月 31 日，当发现法庭里挤得密密麻麻的全是媒体记者时，三株领导者才意识到形势的严峻。很快，三株做梦都想不到的结果发生了：常德法院居然判三株败诉！一纸判决就将自信的三株人彻底打入深渊，从此，形势急转直下，媒体对此大肆渲染，几乎不可收拾。更不可思议的是，地方法院居然主动将判决结果寄送给媒体。而当满腹委屈的三株意欲通过组织讨个清白时，一些权威部门的鉴定结果却是雪上加霜！

这次事件使三株的销售额从 70 多亿元跌到 10 多亿，直接经济损失达 40 亿元，损失 7 亿元银行存款。尤其致命的是，企业社会形象的崩溃和整个营销体系的瓦解，直接导致了产品滞销和大量退货带来的产品积压，甚至经销商这时也趁火打劫，拒绝回款。于是工厂全面停产，15 万员工下岗了 13 万，而留守骨干也因为士气低迷而流失严重。社会上关于三株的流言更使身心俱疲的三株董事长吴炳新有口难辩。

尽管在初审判决一年后，经过三株人的不懈努力，法律终于还给了三株应有的清白，但一切都晚了……虽然三株顽强地生存了下来，但时至今日三株仍与当年不可同日而语。

和其他企业不同，三株陷入困境不是由于其自身问题，而完全是领导者对危机误判造成的。如果在事件一开始，三株就能主动进行经济赔偿，把问题消灭在萌芽状态，那么后来的危机就不可能发生；即使调解失败，如果能及时介入司法调查，获取证据，那么情况也不会太糟糕；即使司法调查失败，如果能有效地和媒体沟通并取得政府部门和公众的谅解，那么事情也不至于不可收拾。一个小问题被无限地放大后，尽管最终三株赢了官司，却输了形象，输了市场。整个事件的任何一个阶段，如果三株的领导者能够对事件本身的严重性有足够的判断，那么这一事件就将是另一种结局。

然而，历史不能翻转重来。这一事件的教训意义非常重大，三株看起来是被一些偶然的因素打倒，实质是被必然因素推向深渊。领导者如果不能对危机进行充分的估计和预测，就不能对问题加以足够的重视，更谈不上预防危机。卓有成效的领导者的作用，就是通过应对危机来表现。

第七章 有效激励，完美管理

激励体系是指，通过对特定的目标对象以刺激，鼓励等手段的综合运用，使其能够认同激励者的培养目标，并通过自己不断地努力达到该目标的一种过程。如今，该体制广泛应用于各个企业中。

激励是“做实”作风的体现

企业为了保证一线人员永远保持活力，对销售一线人员的激励也是大手笔。在云管理中，一个优秀的销售人员不单单可以得到华为的物质激励，还可以得到精神激励。当然二者在华为是有机结合的，激励也是华为“做实”作风的体现。

物质和精神上的激励保证了华为的营销团队永远活力充沛，在战场上充满了战斗力。

松下幸之助经常给员工提出一种相当现实的奋斗目标，使公司的员工在劳动和工作中有奔头。例如，在“长期工的协定”中规定，在1966至1971的5年间，工资增长一倍；在同一时间里，又提出了“生产率倍增计划”，这两个相对应的协定，大大刺激了员工的劳动积极性。这些规定后来都实现了。

从这里可以看出，松下把劳动者的物质福利和整个公司的生产成果紧紧地联结在一起，让劳动者关心并看得见自己的劳动成果。

另外，松下公司实行奖金制度，在每年7月和12月分两次兑现。奖金额多少取决于企业生产经营的好坏，这就使得每一个员工都关心自己企业的经营活动和生产活动。

1960年1月，松下幸之助在经营方针发表会上说：“五年后，将实行周休二日，每日劳动时间8小时。”按照这一预定方针，松下公司于1965年4月在日本最先实行了这个制度。值得一提的是，这个制度在实行前花了五年的准备时间。尽管这样必然会增大员工的劳动强度，但却实现了"周休二日制"，让员工感到自己期望的目标在一定程度上得到了实现，心理上有种满足感，主动性和积极性就会随之提高。

无独有偶。通用电气公司同样通过激励的方式来进行更高效的管理。通用电气公司对员工有着一套相当完善的考评制度。公司 CEO 韦尔奇随身都会携带一本笔记本，上面画满了图表，每个部门都有相关的图表，反映每个员工的情况。这是一个动态的评估，每个人都知道自己所处的位置。第一类占 10%，他们是顶尖人才；次一些的是第二类，占 15%；第三类是中等水平的员工，占 50%，他们的变动弹性最大；接下来是占 15% 的第四类，需要对他们敲响警钟，督促他们上进；第五类是最差的，占 10%，我们只能辞退他们。根据业绩评估，每个员工都会知道他们处在哪一类，这样没有人会抱怨得不到赏识。第一类员工会得到股票期权，第二类中的大约 90% 和第三类中的 50% 会得到股票期权，第四类员工没有奖励。图表是最好的工具，哪些人应该得到奖励，哪些人应该打道回府，一目了然。奖赏对员工而言，不应是可望而不可即的，就像鼻子碰着玻璃而穿不过去那样，他们能得到他们应得的。精神鼓励和物质奖励都是必要的，两者缺一不可。对于高层管理人员，GE 公司鼓励鼓励他们在工作上相互竞争，但不要有个人恩怨。韦尔奇的做法是将奖赏分为两个部分，一半奖励他在自己的业务部门的表现，另一半奖励他对整个公司发展的贡献。如果自己部门业绩很好，但对公司发展不利，则资金为零。

韦尔奇一向鼓励员工勇敢地展示自己，谈出自己的看法，争取上司的赏识。“我希望员工能充分发挥潜能，提出他们的建议，而我会为他们提供各种资源。这样员工们给我的将是许多建议和计划，我可能会说：“我不喜欢这个想法，但那个主意非常好。这样的交流更有创意。”在今天 GE 的各个部门，每当公司取得一些成绩，他们都会把生产线停下来，大家一起出去庆祝。GE 公司每位员工都有一张“通用电气价值观卡”。卡中对领导干部的警戒有 9 点：痛恨官僚主义、开明、讲究速度、自信、高瞻远瞩、精力充沛、果敢地设定目标、视变化为机遇以及适应全球化。这些价值观都是 GE 公司进行培养的主题。也是决定公司职员晋升的最重要的评价标准。

一只猎狗在追赶一只野兔，没有追到，结果遭到了野兔的嘲笑。猎狗说：“对于我，这只是一份工作，对于你却是生命。我已经尽力了，可你是拼命地跑。”

用高酬薪来留住人才

“薪酬”对每一个人来说，都是一个非常关心的话题，同行业的薪酬行情如何？整体的薪酬市场又将面临什么样的问题？考虑到这些问题，对于本公司的薪酬战略又应该如何制定呢？这一些不仅仅是领导者，更是员工在关注的问题，它是关系到公司人员流动的一个关键要素。在最近几年的校园招聘中，华为能够屡屡得手，从国际巨头手中抢人才，大量招聘国内各名牌大学优秀学生，完全得益于它的“撒手锏”——起薪点高，福利可观。用华为人自己的话说就是为人才提供“有竞争力的薪酬待遇”。

1. 高薪起点

华为的高薪主要是来源于总裁任正非的企业精神。《华为基本法》第六十九条：“华为公司保证在经济景气时期和事业发展良好的阶段，员工的人均收入高于区域行业相应的最高水平。”

近几年，华为内部股改为期权后，新来的员工收入要少一些，但达到年薪 15 万元也不是难事。在华为，年收入在 50 万元以上的以千人计；年收入在 100 万元以上的以百人计；其他人，虽没有年薪 10 万元，绝大多数也不会少于年薪5万元。

在高薪的诱惑下，一批又一批的通信人才涌入了这个本来就人才济济的地方。很多业内同行指责华为利用金钱囤积人才，是对人才的极大浪费。对于“浪费”一说，华为的总裁任正非颇不以为然，他认为，任何一家企业都离不开人才，华为能走到今天，取得如此的业绩，就是大批优秀人才努力的结果。

2．福利可观

任正非在制定华为的福利政策的时候，就从员工真正想从福利中获得什么出发，在给员工比同类企业多的高工资的同时，还包括了一系列诸如培训、分红、职工小区等其他待遇。可以说，除了一般的福利政策以外，华为还创造性地提出了很多企业都有的、吸引人才的特殊福利。

光基本工资就高出别的企业好几成的华为自然不会在福利待遇等方面输于别人。对于那些已经和华为签订就业协议的毕业生，来公司报到时的路费和行李托运费等可以享受实报实销：从学校所在地到深圳的单程火车硬卧车票、市内交通费（不超过100元）、行李托运费（不超过200元）、体检费（不超过150元）。上述费用所有票据在报到后的新员工培训期间统一收取、报销，并在报到的当月随工资发放。虽然仅仅是报销报到费用，每个人只有几百块钱，但一次性招聘数千人，也是一笔不小的开支，国内绝大部分公司都很难做到。

此外，华为新员工在正式上岗前的为期几个月的内部培训期间，工资、福利照发不误。

华为福利一个最直观的体现就是将其货币化，打到职工的工卡里。深圳关外为1000元/月，国内其他地区800元/月。这笔钱每月定期打入工卡，可用于购买车票，在公司食堂就餐，在公司小卖部购物。

在华为，发放额度最高的福利分别是交通补贴、出差补贴和年终奖。

（1）交通补贴

这种补贴只有深圳总部员工享有，国内其他分支机构没有这笔补贴。由于深圳总部的园区离深圳市区很远，许多家住市里的员工上班都要花不少的交通费用。因此华为给员工们每月支付800~1000元的交通费用。交通补贴每月都直接发到员工的工卡里，不得取现。在每年年底高于一定数额或离职时可以一次取现，扣20%的个人所得税。

（2）出差补贴

这种补贴分国内出差补贴和海外出差补贴，根据职位、出差地的艰苦程度、危险性等标准计算，标准乘以实际出差的天数，就是可以拿到的补贴。一般在出差回来后报销时领取。

具体来说，华为员工国内短期出差补助标准为100~200元人民币/天，交通费、住宿费、通信费实报实销。技术支援或市场部人员在国内常驻外地，补助标准按地区艰苦程度分为几档，一般50~100元/天，住宿费用另外计算，如果住宿在当地的办事处则没有住宿费用。研发人员如常驻外地研究所不享有该项补助。

员工在海外连续工作3个月的可以享受海外出差补助，标准为50~70美元/天，香港为300港元/天。常驻海外的员工，根据当地情况，补助标准分为几档，一般50~85美元/天，当地越艰苦、越危险，补助越高。2004年，华为的海外补贴降低了标准，一般国家降到税后30美元/天。公司还会替员工交纳社会保险基金。按照每月基本工资15%的比例划拨，员工离职时可一次性提取，扣20%个人所得税。

（3）年终奖

在华为的薪酬体系里，奖金的数量占到了所有报酬的近1/4，华为公司每年七八月份都会有一个规模非常宏大的“发红包”活动。那时公司的高层几乎全部出动，根据员工的贡献、表现、职务等分股票发奖金，一般员工在 1 万 ~3 万元左右。一般来说，市场系统、研发系统的骨干最高，秘书、生产线上的工人等做重复性工作的员工最少。

3. 丰厚的股权

可以说，相当一部分大学毕业生在最初选择去向的时候放弃中国移动、摩托罗拉等知名企业而远赴深圳，很大一个原因就是冲着在同业中久负盛名的华为股权。

让一个大学毕业没两年的新人拥有几十万的股权，在离职的时候还能不费任何力气、很容易的对其进行套现，相信没有几个人能经受得住这样的诱惑。

有了以上的高薪和各种福利措施，在深圳这样一个男女比例严重失调的城市，有很多人愿意为华为的小伙子做红娘。因为在外人看来，是华为的员工就能买得起私家车，中高层的干部更是将目光锁定在 VOLVE，BMW 等汽车上。

一个好的薪酬结构体系将有效地保证企业发展中的动态合理性，并促进企业的竞争力与提升员工的成就感。能否在士气上与员工的归属感上创造价值是一个好的薪酬体系评价标准。在华为高薪政策的推动下，员工们基本都能心无旁骛地投身工作，同时也避免了人才流失带来的损失，形成了“华为人力资源大厦”。

以身作则，激励员工

印度圣雄甘地说：“领导就是以身作则来影响他人。”

事实证明，企业管理者的一举一动往往影响着员工的积极性，会给员工留下深刻的印象。在不少企业里，都开展评先进、树典型活动，为员工树立了榜样，使企业形成了一种积极向上的文化氛围。其实，下属不用培养，身为领导者，要做的就是成为榜样，榜样就是领导力。有人说："一流领导做榜样，二流领导常说教，三流领导下命令，四流领导去恐吓，五流领导要流氓。"这句话很有道理。

在军队里，领导者应该以身作则，身先士卒；在现代企业里，领导者更应该如此。在一个团队里，一个领导者的执行力是下属执行力的上限，领导者没有执行力，你就休想让下属有很强的执行力。

联想集团总裁柳传志说："企业做什么事，就怕含含糊糊，制度定了却不严格执行，最害人。"立下的规矩是要遵守的，不仅员工要遵守，领导更要带头遵守。领导者既是一个组织中发号施令的人，也是这个组织中的排头兵，你得让你身边的兵向你看齐，用你的行动来影响他人。

联想集团一贯纪律严明。公司规定，迟到就一定要罚站。柳传志说："罚站是件挺严肃、挺尴尬的事情，开小会的时候，你得独自站着。更大的会场，你迟到了，会都停开，全体人员静默地看着你站立一分钟。"第一个被罚站的人，是柳传志的一个老领导。让过去的老领导罚站，柳传志很不忍心，但没办法，制度一旦设立就不能因人而异，制度因人而异，这个制度就废了。他对老领导说："今天迟到了，您也要接受处罚，今天您罚站一分钟，明天我到您家给您站一分钟！"事后，柳传志回忆说："老领导站了一身汗，我坐着也是一身汗，当时的情形的确尴尬，但是制度必须严格遵守。"

日本本田技研工业总公司的创始人本田宗一郎每当遇到棘手的事情时，总是自己率先去干。因此，公司里的年轻人非常佩服他的这种身先士卒的垂范作风。1950 年的一天，为了谈一宗出口生意，本田宗一郎和同事藤泽武夫在滨松一家日本餐馆里招待一位外国商人。外国商人上厕所时，不小心弄掉了假牙。本田宗一郎二话没说，就跑到厕所，脱光衣服，跳下粪池，用木棒小心翼翼地慢慢打捞，终于找到了假牙。然后，他又反复冲洗干净，并做了严格的消毒处理。回到宴席上，本田宗一郎自己先试了试，高兴得手舞足蹈。这件事让那位外国人很受感动，生意自然获得了圆满的成功。藤泽武夫目睹了这一切，感慨不已，认为自己可以一辈子和本田宗一郎合作下去。

榜样可以起到明显的激励作用，从而推动各项工作的开展。什么是榜样激励的核心问题呢？就是企业的管理者要以身作则。

有效运用激励体系

没有专业的招聘，就不能招到良才；无系统的培训，华为将无法塑造自己的销售铁军，没有办法让整个销售队伍统一思想；没有完善的制度，华为对销售团队的管理将“无法可依”；不严格考核，华为的制度将没有任何的意义；没有公平、有效且完善的激励制度，企业的销售团队将像死水一样毫无动力！

古语有训，既要马儿跑，也要让马儿吃够草。学会激发下属的工作热情和内在潜力的方法和技巧，避免激励的误区。

不少公司总是打着“升迁”的旗号来对员工进行激励。可一个企业的职位能有多少空缺呢？毕竟僧多粥少是明摆着的事实，那么多员工，如果都要靠升迁来激励的话，完全没有可操作性。万一这一承诺得不到兑现，势必适得其反。

对此，德鲁克给出一个解决方案：“每个阶层的薪资幅度应该保留适当的弹性，因此绩效卓越的员工获得的报酬将超过比他高一个层级员工的平均薪资，而且相当于比他高两个层级员工的最低薪资。”

也就是说，在企业里，你不用非得靠升迁来获得加薪，如果你在自己的岗位上绩效突出，你的薪水完全有可能比那些高你一级的管理者，甚至高你两级的管理者还要多。

正如德鲁克所言，“无论管理者或一般员工，无论在企业内外，每个人都还需要另外一种奖励——声望和荣耀。”所以，企业也必须给予专业人才在专业地位上应有的肯定和奖励。

另外，善用激励体系还需注意把握三个原则，以最大地增强激励效果。

一是及时性原则。无论物质奖励还是提拔升迁，一定要讲究第一时间，现代激励学研究证明，就物质激励而言，不过夜的激励效果比过夜的激励效果大一倍，比过一天后的激励效果大三倍，比过一周后的激励效果大十倍，而一月后才激励，激励效果已丧失殆尽。就升迁激励的及时性而言，一是在本身职位资源稀缺的条件下，公司领导一定要创造条件，只要有空的职位就应立即想办法填补，有一个补一个，有两个补一双，不要搞“批发”，不要让有心人等到花儿都谢了还是望位兴叹，这样才能更好地促进新陈代谢，也能更好地促进后进者奋发有为。

二是承诺必现原则。孙子兵法有云：“信者，使人不惑于刑赏也。”领导尤其是核心领导一定要讲究诚信，要把自己的话作为金口玉言，一言既出，驷马难追，必定在第一时间兑现激励承诺，没有把握的事不要轻言，否则，不但起不到激励作用，还会严重的伤害到领导的威信，从激励学上说，甚至对员工起反作用。

三是制度必现原则。即制度已经定了的事情，一切以制度为准，领导不能擅自随意改变，而且在兑现激励的时候要方便部门和员工操作。

激励，要因时因人而异

由于不同员工的需求不同，所以，相同的激励政策起到的激励效果也会不尽相同。由于激励取决于内因，是员工的主观感受，所以，激励要因人而异。在制定和实施激励政策时，首先要调查清楚每个员工真正的需求是什么，并将这些需求整理归类，然后制定相应的激励政策，帮助员工满足这些需求。

对症下药地针对不同的员工制订不同的激励计划，采取不同的激励手段。一些管理者老是抱怨："我寻找不到始终充满激情与动力的员工。有时候，招聘来的员工在开始工作时热情高涨，但是，过了几个月后，这些员工的工作热情与动力就会逐渐消失。"

某公司的管理者吉姆采取了许多提高员工工作动力的方法，他使用过赞扬、奖状、为员工提供更多的休息时间、比萨派对，甚至用现金作为奖励。虽然吉姆煞费苦心，但是员工并不买他的账，员工并没有因为他的奖励而提高工作动力。为什么会这样呢？因为他犯了激励管理中的一个通病：没有因人而异地激发员工的动力。

最后，吉姆不得不与所有员工面对面地沟通，询问每个员工希望从工作中获得什么。他非常认真仔细地调查研究，最后确定每个员工在工作中寻找到的最有意义的动力源泉。

他与四位员工沟通交流后，得到了三种答案。

一名员工希望自己在工作过程中，不断地提高自己的服务水平，成为服务水平最高的员工。这是她辛勤工作的最大动力，其他两位员工说，如果有自主决定工作方式的权力，他们才会感觉到自己在工作中的地位与作用；另外一名员工不仅喜欢自己从事的工作，还喜欢与工作有关的社交活动。吉姆在收集了各种信息后，就对症下药地针对不同的员工制订不同的激励计划，采取不同的激励手段，现在，他所领导的团队具有非常高的工作动力与热情。

即便是同一位员工，在不同的时间或环境下，也会有不同的需求。也许这段时间他意志消沉，需要得到别人的认可，那么作为管理者，就要不失时机地对他加以表扬，使他获得工作上被认可的喜悦。

第八章 云转型企业的必经之路

“所谓死，固然是灭亡，然而，也诞生出新生代的萌芽。不断地死，不断地生，这就是成长发展的原理。”今天的困境同时也给我们带来了转型的良机。未来万物互联的世界前景更加广阔！

人力资源“云转型”的三种可能

在计算机技术专家眼中，“云计算”只是一种基于互联网的计算方式。然而更进一步，“云计算”的实质是对于资源的一种整合方式，可将其称为“云范式（Cloud Paradigm）”。资源的整合方式往往决定生产效率，也必将引领管理学的革命，并被运用在越来越多的领域。早在2006年谷歌首席执行官埃里克·施密特（Eric Emerson Schmidt）提出“云计算”的概念之前，管理领域“云转型”趋势已经暗流涌动，其中人力资源管理居于首位。

一、“自组织”不是终点

人力资源管理的主题永远是高效整合员工能力以形成相应的组织能力，这直接体现在组织模式的塑造上。而理论和实践发展至今，组织模式的范式大约经历了三个阶段的演变。

1.科层化阶段

即以金字塔式的组织结构整合人力。这一时期，在战略需求端，消费能力相对不足，消费需求相对单一，战略相对单一，产量即是盈利；在人力资源端，管理者和学者普遍将员工界定为“经济人”，认为人天生厌恶工作，逃避责任，不具备进取心，是由经济诱因来引发工作动机的。这种背景下，自上而下地进行分配，严格界定每位员工的工作职责，监督执行，严格奖惩就成了必要。这种范式里，人被作为去个性的工具，其存在是被动式的，组织是高度集权的。

2.扁平化阶段

即尽量消除传统金字塔结构中的纵向管理层级。这一时期，在战略需求端，消费能力开始提高，需求开始多元，市场开始出现不确定性，战略不再是单纯的产量，而是需要兼顾消费者偏好；在人力资源端，管理者和学者开始认识到人性的复杂，人性中除了具有“性恶”的一面，更有“合法利己”甚至“无私奉献”的一面。这种背景下，除了传统的自上而下的控制与约束，自下而上地思考战略的可能性，即思考在岗位职责内营造氛围、释放员工潜能就成为另一种趋势。人的主观能动性开始被调动，并在一定业务范畴内接受组织的分权。

3. 网络化阶段

即以网络化组织打通资源之间的连接。这一时期，在战略需求端，消费能力大幅提高，需求多元化越演越烈且变化无常，以至要求满足极致个性化需求的“体验经济”成为普遍现象。任何对消费者偏好的成功揣摩都只能在短期获利，战略完全变成了“权变”的结果，因此呼唤一种高度的“柔性（Flexibility）”。在人力资源端，管理者和学者开始意识到人的能力具有高度可塑性。于是，“战略性人力资源管理”和“基于能力的人力资源管理”被频繁提及。

在这个阶段，组织需要的似乎是将员工分解为细小的“能力流（Competency Flow）”，通过柔性的网络化模式进行连接和引导，保证其高效地流向各关键业务领域，支持不断变化的战略。这样，人的主观能动性被最大程度地调动，形成一种纯粹的“自组织”。《维基经济学：大规模协作如何改变一切》一书中展示了一种维基工作站（Weki Station）的企业内协作方式，正是网络化范式。

继续走向云端即便实现了上述两次转型，如今的网络化范式也不是演化的终点，人力资源管理需要向“云范式”转型。即将人力资源以网络状形态进行连接，并将网络以“云计算法则”进行智能化。与“维基式”的网络化不同之处在于，云是对于网络的智能化，为“自组织”注入了一种“他组织”的干预。

在网络化阶段，人与人的连接是随机的，需要在摩擦中寻找秩序，需要通过多次的冲突形成“制度记忆（Institutional Memory）”。尽管这样的演化结果是更加精巧，但网络化连接将冲突放大化的效果也如影随形，演化过程中为消解冲突必然产生大量成本，甚至可能使网络崩溃。另外，由于不同“小网络”之间的秩序和标准不统一，“小网络”融合成为“大网络”需要漫长的过程，这就限制了网络威力的发挥。而云范式为网络注入了一种经过“优化检验”的标准化智能（资源分配方式）——云计算法则。不仅使秩序的形成过程成本最小化，也让小网络之间的融合更加容易，便于发挥网络融合的“乘数效应”。

如果将一个系统分解为主体、载体和客体，那么从不同的视角出发，人力资源的“云转型”存在三种可能。

二、主体转型——“智慧群落”

人力资源系统的主体是人，从这个方向上，应该思考的是如何建立一种“云”式的人际连接。

传统的组织里，人们下意识地会为自己贴上“职位”的标签。这种“划地分家”的模式好比一个“权力群落”，保证了组织的稳定，消除了生产中的不确定性，却形成了既有的利益格局，带来了官僚主义，让企业变得笨重而僵化，也使得员工成为一个个循规蹈矩的“零件”。

一方面，权力群落往往导致企业缺乏战略柔性，前线的信息要传到司令部需要通过无数的中间环节，不仅贻误战机，信息还不一定准确。前线的战士们只能凭感觉孤军作战，根本得不到司令部有效的战略指导，得到的只能是僵化的“标准流程”。另一方面，企业往往在复制一个又一个“模板”，也因此谋杀了员工的创新能力。新员工在“权力群落”里的生存法则是通过“服从权力来获得更大的权力”，一切对现有利益格局的挑战和破坏都将受到惩罚。所以创新的精神被抑制，企业也变得死气沉沉。

事实上，员工最了解市场，更不乏创意，最有效的组织模式是直接把这些创意送向关键业务领域，甚至引导这些创意进行碰撞（如“头脑风暴”），使其变得更加鲜活。人力资源管理需要塑造一种开放、平等的网络关系，使得交流和协作可以在任何两个员工之间发生。在这种关系中，没有任何的流程、机构和职责，员工用“智慧”标注自己，用智慧进行社交，凭展示赢得激励，笔者把这种网络关系称之为“智慧群落”。

大多企业中，“智慧群落”往往作为一种虚拟的存在发挥重要作用。笔者观察到的一个汽车销售企业的案例中，不愿被教条束缚的年轻员工们利用网络论坛构建了一个虚拟组织，居然像“影子武士”一样为公司贡献了让人叫绝的大量创意。

对于另一类高度知识密集型的企业，“智慧群落”甚至取代了传统的“权力群落”。一个咨询企业的管理者搭建了一个内部的创新市场，引入了外部市场压力，让员工将自己研发的咨询产品摆上“货架”进行内部出售，最大程度“维基”了员工的智慧。公司采用了一种另类意义上的“合伙人制”，人人都是合伙人，员工的职位根本不被看重，因为薪酬和权力不是按照职位发放的。这种新的组织模式“摧毁”了制造层层障碍的中层，打破了部门边界，权力群落也因此趋于消散。

三、载体转型——“维基平台”

企业人力资源系统的载体是协作平台。从这个方向上，我们应该思考的是如何搭建一种“云”式的协作平台。

传统的组织里，一方面，塑造人力资源交互平台的主题是分解自战略目标的工作任务；另一方面，平台的运行是依赖于固有的沟通渠道，即报告线或协作关系等。这类平台的存在，更多的是强调稳定，却在很大程度上抑制了员工能力的发挥。

传统平台的第一个问题是主题过于单一。如果将平台主题视为一种“计算需求”，规范的工作任务意味着计算需求相对简单，只需要少数员工的简单参与。现实在于，当前的战略环境需要涉足不同的平台主题来产生价值，即需要组织向平台频繁发出各类“计算需求”，而管理者的视野和理性都是有限的，能够发现的主题和发出的计算需求必然有限，这就大大减少了企业获利的可能性。

第二个问题是平台的沟通渠道过于狭窄。员工的创意只能通过报告线以特定形式上报，由特定上级决定后才能实施，即使获准实施，也只能通过与有限协作者的合作来实现。问题是，创意往往是一种转瞬即逝的灵感，其在萌芽阶段都是不成熟的，但往往一两句话、一两个词就能成为创新的来源，而这些创意往往在员工的“头脑风暴”中变得更加鲜活，何必要求形式？另外，员工之间的认知距离越远越能够相互激发创意，如此看来，何必固定协作伙伴？

事实上，员工作为网络中的节点一直存在，我们应该思考的是如何为这些节点的互动注入各种主题，以及如何为这些节点建立更广泛、更便捷的联系。人力资源管理需要制造一种便于协作的“维基平台”，主要功能是实现企业内公共空间的知识记录和发布，使得更多的员工可以参与知识的互动。在平台上，每个员工都是知识的提供者，与进入平台的任何人进行交流。每个员工同时又是知识的需求者，或是单纯基于自身业务，或是在知识交互中频繁发起主题——不同主题代表了不同的计算需求，而平台上的其他人就会协助其完成“计算”。

这种维基平台不一定需要高端信息技术的支持。在一家传统的民用航空企业，其管理人员通过使行动学习、创新论坛、内部讲师和课程开发等活动“惯例化”，为员工之间的跨部门合作建立了渠道。基于合作中的知识交流，大量协作主题得以衍生。就是这样一个维基平台，居然攻克了数个以前需要外请咨询公司来解决的难题。

更加幸运的是，Web 2.0 互动社交工具可以使维基平台更加高效。提供电脑软件维护服务的企业——极客小分队（Geek Squad）就利用社交软件的沟通渠道，为 1.2 万多名分布在美国各地的员工打造了沟通平台，成功激发了在知识共享、产品设计、市场推广等方面的无所不至的创造力。

四、客体转型——“知识立方”

人力资源系统的客体就是知识。我们应该考虑如何使知识高效地上传到“云端”，变得更易获取。

野中郁次郎在 20 世纪 90 年代初提出的“知识转换的螺旋过程模型”认为，个体知识是通过社会化、表述化、综合化和内在化的四阶段循环，并通过个体、团队到组织三个层面的传递成为组织知识。而后，企业进行知识管理大多遵循这一模型，由此建立组织的“智库”。但由于种种原因，这类“智库”的作用越来越受到限制，其就像一幅精美的“清明上河图”，呈现了无数的元素，但就是难以应用。

要解释这个现象，第一个原因是智库中的知识缺乏体系性，仅仅是知识片段的无序聚合。隐性知识的传递需要人对人，但这样的传递效率显然不高，因此，如何使隐性知识显性化并进入智库就成了组织思考的问题。大多企业无非是发布一个标准模板，让隐性知识的所有者根据模板进行提炼。这样的结果是，企业撰写了一大堆的文本，并印上了编号，但没有人清楚文本与文本之间的关系，没有人能够对智库的文本结构一目了然，更没有人会期望这些文本能够支持自身的工作。

第二个原因是智库中的知识缺乏动态性，不能支持企业发展。智库的更新最快也要 1 至 2 年，在商业信息瞬息万变的今天，谁敢于把获取信息的希望寄托在那些“古书”上呢？况且，没有比较和争论，员工怎么敢肯定进入智库的知识就一定正确呢？

因此，人力资源管理需要打造一个立体动态的三维“知识立方”，制造一种开放、灵动的立体知识构架，方便所有员工贡献、分享知识，进行协作，共同呈现知识片段（甚至相互纠错）及其关联关系。构架上，一个个知识片段好似“小方块”，共同搭建成为“大立方”，而“小方块”本身就可以在立方上以一定的轨迹运动，寻求相互之间的新组合，并被搜索者轻易获取。

笔者最近访谈了一家央企，其热衷于通过“互动式培训”来解决动态的管理问题。例如，当某个区域市场内的分销系统出了问题，其培训部门就会邀请内外部专家和相关决策线上的管理者进行“互动式培训”。由外部专家导入专业知识、内部专家导入集团战略背景，相关管理者导入决策情境，几方的互动很快就可以解决问题，问题的答案以文本的形式被记录，并储存到企业智库中。这种模式强调在知识分享过程中的互动，类似前面谈到的知识立方。

有的企业更加强调知识的动态性，直接利用维基软件打造知识立方。国外的部分企业已经成功实践了这一理念，但国内的此类成功案例还比较少。

如前文所述，网络化的人力资源架构制造了“云转型”的可能性，而真正使“云转型”变为现实的却是“他组织”的干预。要施加这种干预，必须找出能够引导网络内个体合理释放资源的“最优算法”，即“云计算法则”。这看似神秘，实则简单，其要义就是根据员工的“人性”导向其行为。

怎样发掘人性需求的多维性？管理者有很大的操作空间。其一，可以用直接的经济利益进行诱导，如盛大为员工进行知识共享的行为进行积分，并将其兑换为决定经济收益的“经验值”。其二，可以利用文化进行诱导，如前面提到的汽车销售公司，其创新论坛的建立完全是员工不甘于平庸的“反叛之举”，员工疯狂贡献创意只是为了寻找自身的“存在感”。其三，可以利用权力的分配进行诱导，如那家民用航空企业并没有为维基平台注入直接的行为目标，只是通过类似发布会和文本报告等渠道向中高层管理人员推介研究成果，就立即引起了员工的广泛呼应，形成了“赛马”的效果。其四，可以直接引入市场的强激励，这种模式最为直接有效，如上文的那家咨询公司，将外部市场对于产品的需求引入了内部市场，使员工的创意都能得到即时的回报，点燃了企业创新的热情。毕竟，还有什么机制对于资源的调配比价格信号更精准呢？

云管理下的云应用创新模式

什么是云？很多人都觉得“云山雾罩”“不知所云”。锐捷网络产品与解决方案市场部总经理杨红飞认为，用户其实并不关心云计算、大数据是什么，他们只在乎一件事情，那就是：体验好不好。因此，对于网络解决方案提供商，锐捷网络的创新模式是，“基于云的应用需要什么样的内容网络，需要什么样的数据中心”，从客户的问题出发，基于应用场景来进行云应用创新。

云课堂就是锐捷网络基于中国学校信息化教育遇到的问题而开发出的解决方案。过去，一个学校的计算中心有 21 间教室，150 台电脑，但是只有一种操作环境 Windows，再加上 40 多种教学软件，问题出现了。学生们上课开机就花掉三四分钟，有些 3G 教学软件启动更慢。一个教室更新一个软件需要 4 个小时，有时遇到计算机考试刷机 3 天 3 夜是很正常的事情。

锐捷云的思路是在云端提供教学环境、软件的更新，以及相应的课程设置，云课堂应运而生。锐捷将原来的机箱、显示器、主板、内存、CPU，和教学老师用到的管理服务器，都融合成一个一体机。一台主机可以提供 500 种以上教学环境，通过教师私有云管理的方式，只需要在云主机上进行相应的操作和更新就可以了。现在云主机开机只需要 90 秒，学生进入教学环境也只需要 30 秒的时间。

杨红飞说，锐捷这几年在产品的研发上做了一些调整和改变，从原来跟随标准、跟随主流厂商的方式，转变成研究客户，把客户放在了第一位。锐捷主张，要深入客户、理解客户和体验客户。一句话，锐捷是为客户而生的创新。

除了云课堂，在移动办公领域，锐捷网络也遵循从应用场景出发的创新逻辑。很多公司现在都有移动办公的需求，员工可以移动、便捷地用手机处理邮件。但是一旦手机丢了，缓存在上面的公司信息、客户信息就会有泄漏的危险。为此，锐捷的 Office 方案就是在云端部署一个跨平台的虚拟的手机终端，能够将各种应用系统投射到员工的手机上。企业根据每一个员工所需要的应用进行分级授权，系统还可以提供 2G\3G\4G 不同的传输环境，这样的云办公的方案是最安全的，因为在员工的终端手机上是没有信息的，所有的数据都在云端的虚拟终端上。而且，员工只需要装一个终端就可以享用云端的很多 APP 应用，不比像之前需要分别下载安装。

杨红飞总结，锐捷的创新模式就是，敏锐地把握应用趋势，快捷满足用户需求。只要做到了两点，企业就可能成功：第一特别关注客户的应用，第二特别关注客户的需求。

云制造，未来有多远?

20 世纪 60 年代，美国科学家约翰·麦卡锡提出了把计算能力变成一种像水和电一样的公用事业提供给用户的理念，从而成为云计算思想的起源。半个世纪过去了，人们又设想是否可以将这种理念运用到制造行业，让用户像使用水、电、煤气一样使用制造资源和制造能力，于是，“云制造”的概念诞生了。

云制造究竟是什么？世界经理人网站上的调查显示，69.47% 的人都不清楚这个答案。让我们来看看中国工程院院士李伯虎在《云制造——面向服务的网络化制造新模式》一文中给出的定义："利用网络、互联网平台，按用户需求组织网上制造资源、制造能力，为用户提供各类制造服务的一种网络化制造新模式。它将各类制造资源和制造能力虚拟化、服务化，进行统一、集中的智能化管理，提供一系列标准、规范、可共享的制造服务。"

过去，某一个制造企业要开发新产品，从研发做起，联系供应商，购买制造设备，铺设销售渠道，几乎每个环节都得事必躬亲，等万事俱备的时候，很可能商机早已转瞬即逝。而云制造模式，就是让企业不需要再去苦苦寻觅制造协作服务的提供方，只需要向云制造平台提出需求，由云平台去组织制造资源与制造能力来完成设计、加工、生产、协作等订单。这样，用户使用云制造服务就非常方便了。

西门子 PLM 软件大中华区售前技术总监方志刚则干脆认为"云制造就是电子商务在制造业"。对这种提法，用友软件股份有限公司副总裁王健表示认同："以前，企业跟客户的交易行为，包括交易管理、结算管理，都能够实现电子商务。比如电子采购，跟供应商有关的招标比价都属于电子采购。而现在讲的云制造，就是将电子商务这一形式深入到制造业的整个生产过程，将生产流程进行分解，然后众包给线上的制造资源或制造能力提供商、服务商，从外包到众包，这其实是个质变的过程。""如果说'电商'是云制造的表现形式，那么协同制造才是云制造的实质。"曙光信息产业股份有限公司总裁历军说。他认为，云制造是依靠信息技术，形成的一种新的协同制造的新模式、新方法，核心是高效的协同。

一、颠覆制造业

让企业像在电子商城里购物一样，与具备设计、制造、采购、营销资源和能力的人或组织进行招标比价，从而在最短的时间完成产品的设计、生产以及营销。这对过去大工厂、大企业的一条龙全包式的做法将会是种颠覆。历军说，在过去大工厂的模式中，几件、几百件的产品是没法生产的，因为成本太高，但是现在的消费需求又向着差异化、多品种、小批量、快速转化的方向发展。在这样的发展过程中，社会化分工将进一步加剧，出现一大批非常专业，但是规模又比较小的工作室。虽然制造的链条是分割开了，但是因为整体协同起来，效率还是提升了的。想象一下，如果有人在云制造的平台提出一项产品需求，立马就有设计、制造的小企业或者小作坊响应，在沟通、比价后选择合适的对象来建立生产契约，过程可能仅仅只有几秒钟的时间。

现在在广东佛山纺织、服装、皮革、陶瓷、家具等产业中，正在探索云制造模式的应用。在佛山这些行业中，资源分配很不均匀，有的企业活多得干不完，有的企业没活干。于是他们开始探索按区域统一接单，然后分配给不同的企业，整个区域形成有序分工与配套合作，而做不完单子的企业可以发包给其他企业共同完成。这种模式需要一个公共平台，而这个平台就是所谓的“行业云”。

“云制造的概念是应运而生。”历军说，专业化的分工未来只会越来越细化，有很多小的设计室，创意都很好，但由于资金问题，它可能连设计软件都买不起。为此，它希望与人共享这些“装备”，那就需要通过“云”的协同方式来在一个信息化的平台上实现。拥有设计软件的人或者企业可以在不用的时候将它们“租”出去，从而提升了设备的使用效率。过去，企业与企业之间“协同”需要打电话、见面，这些都是交易成本，如果有了“云”的平台，协同效率会大大提升。王健认为，云制造很重要的一点就是把制造资源虚拟化，让制造资源能够方便地为更多的人来使用。

“未来的工业体系，它一定是朝两个方向走，一个是进一步地集中化、标准化，大批量地复制。还有一种个性化的就走另外一个极端，借助云计算、云制造平台，解决中间交易成本的问题。”历军说。未来，企业巨头不是按规模来定义的，而是靠专业化。比如在制造业发达的德国，社会化分工极强，可能公司不大，但做到了全球最好。历军认为，这种模式对于中国现状是非常适合的，中国的小微企业众多，它们的方向就是做到最好、最专业，“只做一件事，把它做精。”方志刚也认为，从优化的角度来说，整个社会资源都在云制造的范围内。现在流行的大规模生产，未来是要微型化，把超级工厂变成一个个小的独立的生产单元。

二、制造即服务

或许先看一下企业网构成的“私有云”，可以帮助我们理解“云制造”中“云”的作用。在西门子 PLM(产品生命周期管理软件) 搭建的平台中，参与产品开发的所有人都能随时随地得到所需的各种信息，共同完成设计。例如通用汽车在全球有 28 个研发中心，共两万多名工程师，利用云端技术，这些工程师可以同时在线，有条不紊地协调工作。他们在系统中完成设计任务、交付，并得到一些评价，然后通过仿真、虚拟测验，将设计修改意见很快地反馈给其他人，从而把两万多名工程师的资源有效地利用起来，提升了整体的决策效率。“这对开发的速度和多样性都是革命性的。原来推出一个新车型平均至少需要 38 个月，但通过 PLM 解决方案，只需要 7 天就能完成一个新车型的设计，而且是赛车。”方志刚说。同时，创建的数字化数据能够帮助企业在虚拟验证阶段就发现设计问题，及早做出解决方案。

云制造系统中的参与者包括制造资源、能力提供者，制造云的运营者以及制造资源、能力使用者。具有计算、存储优势的曙光属于云制造平台中基础设施的搭建者，它们在一些工业城市搭建了中小企业服务平台，企业可以通过这个入口对接一些融资业务、创业项目等等。比如，每个中小企业都可以定制化地将自己的融资状况和需求按标准向融资服务平台展示，平台上的金融服务资源与中小企业之间以一种双向选择的方式在融资服务平台以IT 化的手段快速匹配对接。还有通过企业信息化平台，企业可以销售、租赁软件等等。当然，这种模式还算不上完全意义上的云制造，但这种协作、服务的理念是一致的。“云制造的复杂就在于，不同的人要在全世界不同的地方，共同来做一个设计，完成一件产品的制造，这里面需要各种服务系统的加入，包括物流、银行等。”历军说。

相比较企业的私有云，基于公有云的云制造则强调企业间制造资源和制造能力的整合，提高整个社会制造资源和制造能力的使用率，实现制造资源和能力的交易。云制造服务平台资源提供者可以向平台提供企业剩余或空闲的制造资源和能力，并通过云制造平台实现交易，获取利润。而资源使用者则按需购买或租用软件、设备进行制造。云制造平台的运营者则通过向前面两者提供服务来收取服务费。“所以说，云制造就是一个服务网的概念，把过去企业之间 对 的模式变为一对多，制造即服务。”方志刚说。

三、智能的服务网

方志刚指出，提高效率，完成大规模生产任务或者定制，需要服务网的“智能”。云制造，包括三个方面，工厂的智能化、产品智能化和材料的智能化。未来云制造的各种资源配置决策不是由人来完成的，而是由计算机和智能的设备来完成的。互联网加物联网，构成服务网。在德国，云制造是工业 4.0 系统内的模式之一。在工业 4.0 时代，产品、数据源传输系统及传输工具共同构成了信息物理融合系统 (CPS)：即采用互联网技术，通过嵌入式系统实现联网的智能体间的相互通信，并通过这种方式将虚拟世界与现实世界的对象连接起来。他们习惯于将生产活动比喻为在一个大市场上，机器提供服务，并实时与产品交换信息。德国人工智能研究中心 (DFKI) 与包括西门子在内的 20 个工业与研究合作伙伴创办了一座智能工厂，演示了信息物理系统在实际应用中的运转方式。这座试点工厂利用皂液瓶来演示产品与制造机器之间的通信方式：每个空皂液瓶底部都贴有射频识别 (RFID) 标签，以告知机器应为其套上黑色还是白色瓶盖。换句话说，这一制造流程中的产品从一开始就携带有数字产品记忆，可以通过无线信号与周围环境进行沟通。这样一来，产品就成了一个信息物理系统，将现实世界和虚拟世界合二为一。就像如今 USB 端口可用于将不同类型的设备连接至电脑一样，未来，现场设备、机器以及其他设备等也能连接到生产系统中，实现天衣无缝的交互。

然而在这个过程中，数字化或信息化系统间的融合问题成为关键。例如，机器如何知道有多少只皂液瓶需要白色瓶盖，有多少只皂液瓶需要黑色瓶盖？机器如何知道工厂是否备有足够数量的瓶盖，或者能够按时交付足够数量的瓶盖？库房是否有足够数量的工作人员可以收货？如今，所有这些信息都保存在不同系统中。譬如，企业资源规划 (ERP) 系统负责管理物料物理、人员规划和成本计算，而制造执行系统 (EMS) 则负责控制生产作业。问题是，这些不同系统所使用的多种不同的格式、操作系统和编程语言，妨碍了数据在系统之间顺畅、完整地转移—而这正是将现实世界和虚拟世界合二为一所必需的。

被云改变着的商业

短短几年，云计算已从其诞生之初跃入了一个新阶段。不仅在美国，全球各地的公司，例如NASDAQ、3M、中远集团和印度未来集团，都已完成这一新技术的调查，并转入应用阶段。单就保健行业而言，云服务可以通过节省时间来挽救生命：它能帮助企业以前所未有的速度开发新药品，诊断肿瘤和确定传染疾病的新一轮爆发，节省数月的时间。在其他行业，云计算和相关服务正在用于精简庞杂的政府数据中心、构建全球物流平台、检查桥体安全、开发新市场、设计新的产品促销方式、减少电力消耗和碳排放，等等。

关于“云”如何改变管理，我们有一些意想不到的发现：企业迫切希望将云计算作为技术平台使用，以支持重要的业务流程和信息交换，并使用云计算来改善决策流程；高管预计云计算将直接影响未来的竞争方式，并将对创新产生重要影响；使用虚拟化和外包且在IT管理方面较强的公司在云计算应用方面快于其他公司；安全方面的担心并未阻止绝大部分国家和地区企业组织使用云；企业高管期望政府必须帮助确立云计算的安全、隐私和技术标准，并在广泛应用该技术的情况下采取其他措施。

事实上，我们认为企业的最高管理层（不只是首席信息官）都应该重视云计算，原因不仅在于云计算更快速、更有效，并能节约成本，还在于它有可能从根本上改变商业格局。这些发展意义重大，因为公司间传统的数据与程序相隔离的状态将有望被打破，随之将出现新的商业生态和价值网络。

一、不仅仅是降低成本

虽然云技术仍是一个新领域，但云计算的诸多潜在优势已渐明朗。云服务低廉的价格颇具诱惑力。例如，美国医药制造商礼来公司（EliLilly）选择了用亚马逊网络服务对某个开发中的药物进行数据分析，支付的费用仅为 89 美元。如果自行分析，该公司将必须为研究人员购买 25 台服务器。

私有云的运营费用也比传统的数据中心要低。比如，全球最大的建筑公司之一贝克特尔集团通过引入私有云架构，将总体 IT 成本降低了 25% 至 30%。云能提供极为灵活的资源。独特的技术设计使其可以任意扩展。云还可以根据需要快速聚集，可为一项工作分派多个服务器从而迅速壮大。在不需要时，它还可以收缩或消失。由此看出，云计算最为适合零星的、周期性或临时性的工作，能够快速完成海量数据处理任务，以及执行软件研发与测试项目。

目前，大部分企业关注的重点还停留在通过云计算降低成本，满足短期内的迫切计算需求。但有前瞻眼光的高管已经开始考虑如何利用云来增强企业的竞争力，实现更精简、更灵活的运营，取得业务增长。云技术功能强大，并且云服务已逐步成熟，在计算领域已进入实施阶段。现在正是时机，立即行动，探索云计算如何转变业务和整个产业，开发出云计算需要的管理和技术技能，把握新的机遇。

二、云搭建企业外骨骼

当前通常企业的 IT 模式可被视为 IT 的“内骨骼”模式：数据中心与应用系统能从防火墙内为企业提供支持。很大程度上而言，只有大公司具备建立数据中心和应用系统的需要和能力。因此，大公司一直是硬件、软件与服务公司的目标。

云计算提供了“外骨骼”IT模式：数据中心与应用系统能从防火墙外为公司提供支持。这一变化的重大意义表现在两方面：小公司能拥有尖端的IT技术，而无需为建立IT中心买单；与此同时，IT实业公司现在可以为成千上万在“内骨骼”模式下乏人问津的小公司提供硬件、软件与服务等IT技术，实现规模发展。

这听上去很吸引人，但实现商业与IT行业的全面发展到底有多大意义？

在包括建筑、教育、医疗、法律及小城市的政府部门等许多零散型行业及政府单位，整个行业规模较大，但企业规模较小。由于无法为大型IT实体企业带来经济效益，因此发展相对零散。以建筑业为例。在美国，建筑业大约占美国GDP的4%。但该行业由建筑师、建筑工人、材料供应商、建筑设备生产商、仓库管理员、房屋质量监督员及其他人员构成，既互相独立，又需要互相协调。云计算及其“外骨骼”模式能帮助固化流程和数据，为整个生态系统提供服务。换言之，虽然一些小型企业规模太小，不需要建立ERP系统，但整个行业却有此需要，云计算就能满足这一行业需求。云计算使企业能够更加便捷有效地根据其业务需要，整合内外资源以配置完善的业务流程。因此，IT技术可以填补大量空白，并创造巨大财富。

三、创建外包新模式

云计算将使“业务流程事业”兴起。提供简单、一般的业务流程（如销售税的计算、征收及税收豁免等）服务的公司会大规模崛起，使今天的软件即服务（SAAS）运营商相形见绌。

公司间有许多相同的业务功能。供应链管理等复杂运作一般需要专门的流程，但销售税的计算、征收及税收豁免等简单的业务功能却有统一的标准，相对固定。在当前的“内骨骼”IT模式下，各家企业都在不断地复制这些简单的功能。

以记录销售税为例，尽管只是一项简单的业务功能，但其意义却不容小视。如果贵公司在全球开展业务，公司的计费系统就需要对公司业务范围内各地的销售税费建立统计报表，由专人定期更新，然后按时将销售税及所需文件上交给相关税务部门。今天，各大公司内部都是如此操作的。但随着云计算的运用，这类业务流程的外包就显得相对经济。由于操作简单，这类流程不需为用户特别设计，可直接应用于各公司，使公司的IT系统能直接兼容这一业务流程程序。对供应商而言，这意味着它们不必对流程进行调整或定制，可以通过向成千上万的用户提供相同的程序，实现规模化发展。

这样的例子屡见不鲜。VeriSign为数百万电子商务用户提供信用卡认证服务，PayPal为小型企业和小额交易提供了各种支付方案。云计算将会针对行业和地域大量开发这类程序，这也将反过来进一步简化企业系统。换句话说，云计算的意义远不仅在于按需定价或节约IT成本，它还提供了计算外包的新模式，随之带来商务与IT领域的巨大变革。引用电影制片人雷纳德·莱文森的一句话：“悲观主义者只看到云的黑暗面而郁闷；哲学家看到云的两面而耸耸肩；乐观主义者根本没看到云——他正在腾云驾雾。”

四、云端的企业间流程共享配置

未来五年，公司间的业务流程可能会高速增长，这反过来将有助于商业生态系统的建立。换句话说，具有互补优势的各大公司将通过相互渗透的业务流程实现紧密合作。公司IT系统一旦穿过防火墙，就非常容易与其他公司的IT系统实现信息交流与交换，越过公司界线执行业务流程。

企业间业务流程并不是新生事物。例如旅游产业就整合了航空、汽车租赁企业及酒店领域的业务流程，为旅客提供航空、汽车租赁及酒店住宿等一体化的旅行体验。然而，目前这种少数商业伙伴间的数据交换系统或是由第三方数据交换中心管理的系统，通过人工或金属线连接。云计算将在工业规模层面上实现企业间业务流程的共享，复杂的业务流程贯穿在多家企业及其 IT 系统中，可在运作过程中进行流程的配置和重新配置。

你可能会问："即使这在技术上是可行的，它的商业动力是什么？"

实际上，你能想象的任何体验——无论是度假、住院还是平凡的日常生活，都无可避免地需要使用各类产品和服务。今天，公司为个人提供各种不相关的产品和服务，你需要对这些产品和服务进行管理和协调。将公司提供的服务与业务流程进行灵活组合的能力（如旅游行业的做法）似乎是推动 B2C 世界发展的强大动力。正如一个人在其生活中会接触各种产品和服务，企业的每一个流程几乎都需要和不同的商业伙伴打交道。现在，每个商业伙伴都销售一种不同的产品或提供一种不同的服务，企业就会对这些进行内部管理和协调（例如采购或供应链管理）。云计算使企业能够更便捷有效地根据其业务需要，结合其内外资源与复杂流程，设置企业业务流程。这似乎是推动 B2B 世界发展的强大动力。

我们目前仍处于云计算的初始阶段，但它正在快速普及，可能会以一种出乎意料的方式出现在意想不到的场合。全球企业高管都在寻找独具匠心的方法，让云计算真正地落地。

面对云计算带来的优势，企业高管还应懂得"三思而行"。例如，复杂的旧有系统必须重建才能在云中运行，会引发一笔不小的开支；数据必须在互联网中传输时，将会面临风险。而在另一方面，企业在规划和设想新的流程、应用、服务的时候，以及对曾经困难重重或者成本高昂的项目，云计算可能会给高管们带来惊喜。

“云”中的HR管理

企业人力资源管理的信息化，很长一段时间，只是实现了“无纸办公”，将人员信息、绩效考核数据进行记录、存储。随着企业规模越来越大，跨域，甚至跨国界的人员设置给人力资源管理工作带来更大的挑战。人力资源管理数据的增大，以及信息和流程愈加频繁地变化，要求 HR 在管理中必须做出快速的反应和决策，才能帮助企业实现战略目标。原有的信息化手段显然已经不能适应现状，而云计算、大数据技术的运用将会给 HR 管理带来新的模式。

一、管理模式的变化

过去，企业招聘到一名新员工，按照流程，HR 要将新员工的资料、信息手工填写入档。而在“云”的平台上，新员工只需要在手机上点开一个 APP，拍照、存档等一系列流程都可以自助式操作，再点击上传，资料就传到了企业“云”端的人力资源管理数据库中，从而为 HR 节省了人工，简化了流程。同理，员工的加班、休假申请，甚至工作进度都可以在手机端操作，通过人力资源“云”管理平台，管理者可以随时随地审批下属的各种申请，及时掌握他们的工作情况。

云管理可以触及员工工作生活的各个方面，员工拿手机实时的更新，改变了信息化管理的手段和方法。社交化和移动化对企业员工行为方式的管理也提出了新课题。而在“云”管理模式下，一个新员工进入公司内部的社交网络，年龄、工种、爱好等都可以在系统中体现出来，他可以选择同事、校友进行横向和纵向的联系，也帮助新员工能够快速地融入企业。此外，在社交体系中，员工可以对工作，生活等各方面发表自己的意见，当员工成为“意见领袖”时可以获得相应的荣誉或奖励。同时，他们在社交网络上的表现也可以成为考核的内容。

二、双赢的生意

Continental是全球五大汽车零部件供应商之一。每个月Continental全国的10个分支结构的HR们都会忙着从各部门搜集大量的薪资数据，还要按照不同系统的要求把数据导入到人事系统中，进行薪资运算，之后还要要花大量时间核对计算结果的正确性，最后要按照财务部的要求手工制作薪资发放请款单和成本中心统计报表，从而确保工资在发薪日当天发到超过10000名员工的账户中，以上过程中不能有一点差错。同时，由于各地公司分散进行薪资运算，总部很难对各地公司的薪酬管理进行集中控制，全面了解Continental中国区的人力成本。为此，Continental决定将薪资运算以及一些事务性的工作外包给CDP，CDP建立了人力资源共享服务中心，进行统一的标准化的薪资运算，并为Continental总部提供人力成本的分析。

CDP提供的是“一站式”的人力资源“云”服务模式，客户可以像点菜一样选择不同的服务项目，比如薪酬福利、招聘等等。相应地，CDP开放相应的接口，使HR管理更简单便捷。然而，更具有战略意义的在于，CDP提供的这种“共有云”模式的HR管理，能够从中分析出行业内，行业间的人力资源趋势。比如薪资方面，综合CDP的客户资源，可以对比出企业的薪资在行业内是否有竞争力，进而对如何建立有吸引力的薪资结构提出一定的建议。“数据是金矿”已经成为共识，CDP在人力资源数据上的积累也为其开辟新的商业模式奠定了基础。

云募资平台的潜能和风险

小企业有了融资新途径，那就是云募资（Crowdfunding），一个开放的互联网公众募资平台。但是这种融资途径也引起了证券市场监管者的密切注意。这种具有破坏性的全新途径引发了新一轮争议，即关于此种变革将会刺激经济发展还是成为另一种欺诈手段的载体。

美国证监会正在建议一系列法律提案，他们将首次允许创业公司和其他小企业通过“云募资”（也称为“公众私募”）的方式来出售股权。前几年美国通过的《2012年创业企业扶助法》（Jumpstart Our Business Startups，JOBS）要求监管机构制定系列新法让小企业有机会获取成本较低的资金，同时免去烦琐的融资手续。

奥巴马总统在签署《创业企业扶助法》法令时，他认为该法令将成为“潜在的变局者”。传统上，小企业只能寻求数量有限的投资方来融资，例如银行和富有的捐助者。但是在未来，“创业公司和小企业可以有机会接触到新的和有实力的潜在投资者，即美国民众，”奥巴马说道，“这是史无前例的，普通美国人将能够通过互联网来投资他们看好的企业家。”

云募资机制指的是凭借一个开放的在线平台，企业主可以直接吸引普通大众来投资他的项目，而不需要任何经纪人或其他受监管的金融中介。普通民众通过在线云募资平台（例如Kickstarter这样的网站）来投资项目，这种项目包括独立公司、唱片公司或某个创新的产品。投资者的回报包括银幕上显示他的名字，能够最先使用产品以及其他权益。

但是之前，投资者不能获得来自所投资项目的财务回报或利润的份额。因为要获得财务回报，他们必须在创业公司里面持有股权，而美国证监会要求，股权投资必须适用于联邦证券法。由于小企业通常需要的只是小额资金，要让他们花钱费力去符合证券法的规定并不现实。此外，云募资网站必须注册为券商才能销售证券。

《创业企业扶助法》让小企业免于遵循烦琐证券法即可获得云募资。此举旨在创立更多小企业，从而推动经济来创造更多就业机会。"美国小企业是就业增长的良好来源。"沃顿商学院金融学教授克利须那·拉马斯瓦米（Krishna Ramaswamy）指出。

根据提案，小企业可以通过云募资在12个月内筹集到最多100万美元。年收入低于10万美元及净资产值低于该数额的投资人，在12个月内的投资额最多只能投资2000美元。年收入或净资产值超过10万美元的，最多可以在12个月内投资10万美元。这些投资上限至少每五年会根据通胀水平进行调节，投资者必须至少持有一年的公司股份。创业公司必须向美国证监会提交年度财报。根据募集的资金数额，这些财报将由独立公共会计师或审计师进行审计。

沃顿商学院管理学教授伊桑·莫利克（Ethan Mollick）对云募资进行了深入研究。立法机构和美国证监会也曾就云募资的立法问题向他征询了意见。他表示很支持云募资这个理念。他指出，证监会必须在促进融资和保护公众免受欺诈这两个目标之间实现平衡。"美国证监会的决策必须是信任云募资这种方式，信任云募资意味着一个更加开放的融资环境。”同时，证监会还必须做到通过法律来保护投资者权益。

但如果是通过提高监管门槛来防止欺诈，有人评论说，此举反而降低了那种本来可以用来发现欺诈的用户之间的互动。因此，证监会必须谨慎行动来达到正确的平衡，莫利克指出，希望在法律出台的时候，证监会能够正确应对这种压力。“我暂时还不清楚他们是否控制得当。”他说道。证监会在该法规在联邦层面登记发布之后 90 天内征求民众的意见。

一、具有“革命性的”融资途径

无论具有怎样的风险，支持者表示，云募资将为小企业开辟融资新渠道。“这将是具有革命性的，”沃顿商学院的高尔根创业管理计划讲师及天使投资人帕特里克·菲茨杰拉德（Patrick FitzGerald）指出，“所有创业公司面临的头等问题就是融资。这将打开第四种渠道，让公司可以面向公众，同时期待公众有所回应。”

创业公司的另外三种传统融资渠道是亲友、风投和银行。菲茨杰拉德指出，亲友未必能为公司提供足够资金，风投只会对适合某种投资类型和市场的公司进行投资。银行的财力雄厚，但是需要房产之类的担保物，这对创业公司而言是“可怕的”举措。

因此，很多小企业可能欢迎将云募资作为另一种融资方式。美国证监会设置的融资上限是每年融资 100 万美元。菲茨杰拉德指出：“多数创业公司并不需要 100 万美元这么多启动资金。在创业公司中，多数公司的启动资金为 25 ~ 50 万美元，除非这些企业的业务是开发硬件或建立起某种标准。”

对投资者而言，云募资意味着他们可以将可投资于许多商业机会。此前这些商机只能由富人群体、基金或公司独享，菲茨杰拉德指出，“在这项法律出台之前，只有少数有条件的个人和团体是唯一能够投资创业公司的群体，这显然是不公平的。”

美国证监会目前允许来自“合格投资者”的私人投资，即年收入在 20 万美元以上的个人及其他标准，菲茨杰拉德说道：“但是，这样大幅提高了投资门槛，而且会让有钱人更加有钱。我认为，如果你发现了你看好的公司，从理财角度来讲，你应该能够投资该公司。”

但是，这种具有民主性的融资的弊端在于，这类投资可能对普通人的风险太大，沃顿商学院金融学教授卢克·泰勒（Luke Taylor）表示，典型的小投资者并不知道怎样适当地去审查一家公司。“和专业风投或天使投资人相比，普通投资人并不具备区分公司优劣的必要能力，”他说道，“此外，除非有办法投资 1000 家创业公司，否则让个人在投资组合里增加创业公司的股份，可能是‘不好的’多元化投资。”

他还戏谑地补充道，云募资对于企业家而言是“喜讯”，因为“可能会有出乎意料的场景出现，比如可能会有很多老太太来投资你的公司。”的确，有些风投公司可能过于雄心勃勃，未必会被人们当真，而只是吸引了跟风者。例如，泰勒提到了名为 Terrafugia 的云募资公司，这家公司融资 1040 万美元来建造飞行汽车。“这是个吸引眼球的产品。我们都能想象出飞车的样子，因为我们每天都要开车，所以驾驶飞车上班是很酷的，”泰勒说道，“但是应该让我的祖母来投资飞车吗？我认为不应该。应当让专业投资者去做。”

二、制止欺诈

有观点认为，小投资者很容易被骗，但是这种情况在社会化网络时代并不一定存在。在网络共享信息公开的情况下，群众的智慧和行动可以制止欺诈，观察人士指出。莫利克表示，他的研究证明，即便在没有强制执行的情况下，欺诈行为也寥寥无几：在他调研的项目中，不到1%的资金和4%的项目存在欺诈问题。很多人在关注公司，“如果发现可疑情况，就会有人发出警告。这好比是开源软件。众目睽睽之下，计算机的所有问题都会很快被发现。”

试想利用云募资来对神户牛肉干产品进行融资的创业公司。它可以快速筹集数万美元，有人最后指出，所有神户牛肉都有源产地标签，因此要求创业公司提供标签序号，莫利克说道。他认为，很多人投资的项目都是他们自己了解的，甚至比传统的风投公司更加了解。“民众对检测欺诈很在行，可以发现存在质量问题的项目。”

但是即便创业公司是光明正大的，泰勒认为仍然应当将职业投资者作为首选的投资方，因为他们可以提供小投资者无法提供的优势，例如更好地监控这些创业公司、提供管理建议以及提供专业网络的能力。“他们有时间、有动力来做，”泰勒说道，“普通民众投资者不会去监管那些创业公司。如果不监控会怎样？你投资给创业公司的资金可能会被用来采购乒乓球桌或聘请寿司厨师。”

菲茨杰拉德指出，人们一直在各种渠道亏钱，不只是投资小公司。“事实上，和投资2000美元在本地餐厅相比，有些投资渠道的风险更大，”他说道，“我宁可看到人们投资于创业公司，而不是在赌场或足彩，或其他可能会轻松亏钱的地方。”

此外，美国证监会要求云募资创业公司提交财务报告，以便将问题公司扼杀于摇篮。“实事求是地说，这是一件好事，”菲茨杰拉德说道，“这要求具备一定程度的成熟度和尽职度，任何公司在接受任何形式的投资时，必须要提供财报。如果连这点工作都不做，那就表明公司是不值得信赖的，或者是没有商业头脑的，也就缺少了创立公司必备的尽职度。”

三、新的市场

但是还有另外一个问题，批评人士警告道：兑现。通过云募资来投资创业公司的投资者将怎样收回资金，这点还不明确。他们不能在国内证券交易所出售股份，因为投资的公司规模太小无法上市。如果投资公司被收购，投资者可以获益，但是公司必须具有健康的经营记录来吸引买家。即便投资者可以出售他们的股票，他们“可能不太成熟”，而且也搞不清楚交易是否划算。在发现这些挑战之后，证监会在法律提案中警告道，“云募资中的投资者退出策略具有不确定性，这种不确定性也会给收益带来限制。”

但是雷马斯瓦米（Ramaswamy）相信，如果云募资继续发展下去，“肯定会发展”二级市场，因为人们想要兑现。事实上，现在就有针对私企股东的二级市场，如果他们想在上市之前将所持股份卖掉的话。这些股东通常是被授予公司股份的员工或想要出售股份的风投公司。例如本周即将上市的 Twitter 通过 SharesPost 会在二级市场进行交易，Facebook 在去年上市之前也是如此。

雷马斯瓦米预计，大银行将提供新的服务项目来帮助云募资的创业公司，来满足这些公司在投资银行业务方面的需求，例如给股票定价及确定股票发行数量。主流金融机构早已在运作零售网点来为个人投资者提供服务，如果这种模式受到欢迎，他们将会进入云募资市场，雷马斯瓦米指出。“在看到大量小储户在云募资市场购买股票时，他们会发现这个潜在的获利机会，然后就会加入其中，”雷马斯瓦米说道。

风投公司采取的做法可能正好相反：他们可能会离场。“我认为，风投可能会远离真正的早期投资。”菲茨杰拉德预计道。由于创业公司很容易通过云募资融到第一笔 10 万至 20 万美元的资金，因此风投将会回避这些投资，回归他们最基本的“大钱投资大想法，而不是追随很多小想法。”他指出。在过去十年里，风投开始大范围进行小额投资，因为创立公司的成本已经大幅降低。

可以确定的是，在一段时间内，云募资对创立公司、就业机会的增加和金融市场的影响还不太明朗。但这个风险是值得投入的，观察人士表示。菲茨杰拉德指出：“每次出现类似的大规模搅局现象，一定会有余波，但最终大多数人将会获益。”

第九章 云管理案例

苏宁云商：要打造互联网零售生态圈

传统零售商依靠万物互联，通过为消费者提供超高的相关度体验来实现颠覆性创新。“互联网 +”的第一特性是跨界融合。+ 就是跨界，就是变革，就是重塑融合。

2015 年，苏宁将在市场竞争中“守正出奇”，在巩固挖掘放大既有优势的同时，以互联网颠覆者的形象主动出击；同时，变革内部管理，以极简管理推动转型提速、进入自主发展轨道。4 月 29 日，苏宁云商发布 2015 年第一季度报告。报告显示，苏宁云商线上平台销售大增 101.54%；公司商品销售规模 345 亿元，同比增长 31.5%，预计二季度将继续保持约 30% 的增长。毫无疑问，这是一个良好的开端。

苏宁云商集团董事、副总裁、董事会秘书任峻接受《首席财务官》专访时表示，苏宁沿着“平台、产品、服务”三大战略路径，继续聚焦渠道建设、商品运营和服务提升，推动 O2O 转型成效逐步凸显，2015 年提速发展。

一、互联网零售生态圈

互联网，成为这个时代最普及的技术和生产驱动力；近几年，国家制定“互联网 +”行动计划，推动移动互联网、云计算、大数据、物联网与现代制造业结合。

据任峻介绍，2015 年初，TCL、创维、康佳、夏普、先锋领导人接连造访南京，与苏宁高管深入交流。今年家电供应链“大佬”们的战略协同，被一改常态地放在了春节以前，不仅时间上比往年提早了一个月，而且节奏明显加快。此次提速，外界解读普遍认为：在国内彩电行业遭遇30年来首次销售额、销售量双双下跌的“滑铁卢”之后，一方面，厂商顺应“互联网”大势，在积极谋求转型经验成熟的战略搭档；另一方面从平台商角度，希望通过深度挖掘新技术、与厂商形成更亲密的协同关系、利益共享，从而构建出崭新的互联网零售生态圈。

用苏宁董事长张近东的原话来总结，那就是——“没有淡季的市场，只有淡季的思想。在唯快不破的移动互联网时代，哪怕落下一个身位，也会被时代抛弃。”

苏宁2009年就在传统企业里率先试点互联网经营，上线了苏宁易购。近六年来，苏宁又持续加大了物流体系的投资建设，目前物流网络已经覆盖300个城市，为率先转型奠定了服务基础。特别是2013年明确了以互联网技术全面升级零售核心竞争力的“一体两翼”互联网路线图。截至目前，苏宁已经进入互联网化转型战略的深度执行期，在完成前台的互联网化阶段之后，现在正在全面推动以资金流、信息流、物流为主体的后台的互联网化过程。

二、打破品类天花板

从2013年上线开放平台以来，苏宁迈出了全品类快速发展的步伐。截至目前，苏宁产品经营范围已经覆盖家电、3C、母婴、超市、百货、美妆等全品类领域，SKU数快速提升至800多万，开放平台入驻商户1万多家。任峻强调，商品品类和数量的几何式增长，极大地丰富了平台流量，提升了用户黏性，使苏宁全品类发展的品牌形象逐渐凸显。2015年，苏宁将继续深化全品类战略，在自营平台领域“巩固大家电，凸显3C，培育母婴超市”；在开放平台领域，致力于建设新型的供应链关系，打造“苏宁云台”。

“随着超市、母婴等专业频道的发展，苏宁商品丰富度进一步提升，购物体验持续优化，大聚惠等特色营销产品优势不断凸显，这些均成为拉动苏宁业绩提升的新引擎。商品销售规模31.5%的增速是苏宁近几年转型以来呈现的最快增长，高于行业平均增长水平。”任峻谈道。

三、重新定义渠道价值

随着“互联网+”时代和行业趋势的到来，渠道价值将被重新定义并深度重塑，线上线下进入到O2O深度融合发展阶段。2014年是苏宁互联网转型战略落地年、成效凸显年。苏宁率先完成向互联网零售的转型，打破了传统零售业发展的局限，推动线上线下融合的O2O模式在中国零售市场生根发芽。

作为国内率先践行O2O模式转型互联网零售的企业，苏宁转型互联网零售的价值，就在于完成“一体、两翼、三云、四端”的O2O布局，为消费者和供应商搭建起了主流新品的首销平台、核心单品的畅销平台、品牌形象的推广平台和资源价值的整合平台。

任峻详细解释道，一体，就是坚守零售本质。不管零售业态怎么变、渠道怎么变，苏宁始终坚守顾客服务、商品经营的零售本质不动摇。充分运用互联网、物联网、云计算等新工具，创新商品经营模式和顾客服务方式，实现科技零售和智慧服务。两翼，就是打造线上线下两大开放平台。线上苏宁云台，向全社会开放企业前后台资源，建立品牌商品与品质流量的良性互动；线下苏宁云店，围绕本地生活全面开放，集展示、体验、服务、引流、销售于一体，营造城市生活的空间、顾客服务的场景。三云，就是围绕零售本质，把零售企业的“商品、信息和资金”这三大核心资源社会化、市场化，建立面向供应商和消费者以及社会合作伙伴开放的物流云、数据云和金融云。企业资源云化，既是观念的突破，也是技术的突破，更是企业商业模式和盈利方式的突破。2015年我们将有500万平方米的仓储资源对外开放，外部可信云服务在上半年正式启用，供应链融资、消费信贷、余额理财等金融服务将大幅度提升规模。四端，就是围绕线上线下两翼平台，因时因地因人，融合布局POS端、PC端、移动端、电视端。把互联网的门店开在商场、小区、写字楼，开到顾客的办公室、家里和口袋里，开在销售、客服和物流人员的手中。

“苏宁的转型成效用什么来衡量，作为O2O模式的核心，线下实体门店的运营成果最具借鉴意义。苏宁云商财报数据显示，一季度苏宁云商可比门店销售收入增长较快，同比增加14.97%，这一数字远高于去年。”任峻介绍道。一季度苏宁持续推进O2O发展，探索云店模式，推进超市、红孩子落地发展，升级门店体验、服务、本地化营销能力；同时加快渠道下沉，加速农村市场网络布局。一系列渠道布局的升级为苏宁O2O模式运营创造了更广阔的发展空间。

用互联网思维做互联网零售，加速渠道下沉，无缝建立与消费者的所有触点无疑是云店之于苏宁“平台”的重要意义。4月28日，位于南京山西路和上海浦东的两家苏宁云店正式开业，当天，南京山西路苏宁云店人流量达到近5万人，开业3小时，销售即突破1000万。中信证券在其分析报告中指出，苏宁云店O2O新模式引流效果超预期，预计上海浦东店开业当日销售额达3000万元，远高于以前单日百万级的销售额。苏宁云店未来有望成为苏宁提升实体店绩效，降低成本、吸引客户的可复制的有力产品。

事实上，重新开业的两家苏宁云店看，店面大幅缩减了家电

3C 实体出样面积，新增母婴、游乐、餐饮等体验消费。作为苏宁真正的互联网产品，苏宁云店通过线上线下多场景体验、虚实交融的产品出样，一举打破了传统运营的篱笆墙。

完善的渠道布局是助推苏宁互联网业务凸显的重要原因，然而销售规模的快速增长同样得益于苏宁服务能力的快速提升。用互联网打通渠道的天花板，逐步实现全渠道覆盖。财报数据显示，苏宁线上销售规模呈现出超 100% 的高速增长。海通证券在其近期的研究报告中指出，2015 年苏宁将围绕平台、商品和服务继续深化，其中平台链接所有消费场景、商品围绕一站式购物、服务突出核心能力产品化。其实，自从进入战略深度执行期后，经营成效的逐步向好，尤其是新业务的爆发式增长，直接提振了苏宁加速发展的信心。

四、借力金融

苏宁不断拓展新业务、打通多渠道，也加速了苏宁的转型，像苏宁金融、互联、超市等子公司也开始发力，这些都是未来苏宁重要的业务增长点。

近几年，围绕消费者综合金融、供应链金融整体解决方案，苏宁已经形成了具有鲜明特色的金融云服务产品，并且逐步把原来对内服务的能力转化为对供应商和消费者的金融服务能力，实现向利润中心的转变。

从 2011 年苏宁成立了独立的第三方支付公司——南京苏宁易付宝网络科技有限公司，到 2014 年苏宁成立金融公司，苏宁金融已经具备了从消费者到用户的端到端的金融解决方案和增值服务能力。有数据显示，仅 2014 年苏宁易付宝交易规模 400 亿，激活用户近 1000 万；零钱宝金额达 150 亿；苏宁保险保费规模达 5000

万。截至2014年底，累计有3000多家供应商通过易付宝的供应链融资平台，申请了超过100亿元的贷款。

而今年初，苏宁金融已上升为集团战略业务单元。金融集团将以大数据为支撑，以全产业链融合和O2O融合为特色，通过全产业链服务打造供应链金融，通过O2O金融管家服务打造个人普惠金融，开展包括第三方支付、消费金融、供应链金融、互联网理财、互联网保险、P2P、众筹等多元化的金融服务，全面打造易付宝、零钱宝、苏宁众筹等一系列金融拳头产品。

在任峻看来，苏宁做金融业务目标并不在发展互联网银行业务，而是欲借力金融产品，实现苏宁商品内容的丰富度、竞争力和差异化。截至目前，易付宝、零钱贷、苏宁众筹以及后期即将上线的“任性付”等本身就是商品，而且与其他实体商品等内容有着强关联。

五、农村电商，充满想象

据公开资料显示，2014年全国农村网购市场规模达1800亿元，有机构预测2016年将突破4600亿元。面对广阔的三四级市场，在新的供应链体系协同下，平台、零售商将集中资源进行一轮发力。“这是一个非常大的蛋糕，苏宁易购服务站不仅是卖商品，还要教会农村消费者怎么去购物，通过带动作用，形成消费规模的推动力。”任峻非常看好农村电商这个领域。他继续说，与传统电商单纯争夺农村市场消费力不同的是，易购服务站在带动工业品下乡的同时，还承担着另一个重要功能，带动农产品进城。就是依托于苏宁易购站的布局，以及公益扶贫和众筹频道，扶持农村建立高效农业基地、定点采供基地，带动当地特色产品、农产品引入到苏宁易购上销售。

任峻介绍，2015 年苏宁要在三四级县镇及农村市场开设 1500 家苏宁易购服务站，未来五年，苏宁将在全国开设出 10000 家苏宁易购服务站。苏宁易购服务站就是苏宁易购向线下三四级市场的延伸，同时相当于苏宁物流的最后一公里。苏宁易购服务以虚拟出样为主，涵盖展示、体验、销售、配送、售后服务、虚拟服务等，承担着工业品下乡、农产品进城的多项职责。“今年，苏宁超市将完成 10 倍增长，苏宁金融众筹频道将正式上线，通过扶持农村建立高效农业基地、定点采供基地，带动农产品在苏宁易购上销售。帮助当地中小企业建立起良好的经营和管理规范。”

依托于苏宁易购服务站的布局，将当地特色产品、农产品引入到苏宁易购开放平台，通过苏宁的多种销售渠道，将商品销售至全国。任峻举例，去年陕西渭南农户的苹果无法运出去，苏宁的物流车辆在返程的途中，顺带着将农户的苹果运送了出来，这不仅帮助农户获得了收益，还解决了当地政府的难题。

谈到苏宁农村电商话题时，任峻还特别向我们介绍了苏宁首创的“造思维”扶贫模式，即“通过传递互联网思维来带动贫困地区的劳动者，学会使用互联网工具来脱贫致富”。据了解，苏宁利用互联网发展公益的尝试，开始于江苏淮安市盱眙县明祖陵村的扶贫行动。在前期项目征集阶段，苏宁对食用菌市场容量以及种植技术进行了全面分析，最终选择建立食用菌生态培训基地，为当地村民打开了一条致富之路。项目全部建成后，将提供近 50 个工作岗位。

海尔集团的“人单合一双赢”管理模式

如果我们能够创新，互联网对我们就是最好的时代；如果我们不能够创新，互联网对我们就是最坏的时代。

——张瑞敏，海尔集团首席执行官

一、把握“云时代”的脉搏

“我认为，所有企业的成功只不过是踏上了时代的节拍。”海尔集团董事长张瑞敏在一篇文章中如此写道，“但我们是人而不是神，不可能永远踏上时代的节拍，总会有踏空的时候。一旦踏空，不能说万劫不复，但肯定就是失败了。”

所幸的是，在创业至今的29年间，张瑞敏及其所掌管的海尔，没有成为“踏空者”。

尤其最近几年，海尔还由一家传统的家电制造企业“脱胎换骨”为一个互联网时代的服务型企业。转变之大之深之彻底，令人惊叹不已。

波士顿咨询发布的一份调研报告显示，在2012年度全球最具创新力企业50强中，海尔位列第八，排在消费品和零售领域首位，是中国企业在该榜单中的最高排名。

也因此，英国《金融时报》发表文章盛赞以海尔为代表的中国公司正在创新上觉醒，并认为中国企业的一个普遍趋势是通过创新进行竞争。文章以海尔、BGI（世界最大的基因测序公司）等为例，探讨了中国企业创新的现状，“海尔集团等中国企业正在加强创新，拓展中国以外的市场，并希望在海外市场获得竞争优势。”

这均非谀辞。张瑞敏及其所掌管的海尔，早已在创新方面大显身手。目前，海尔的8万多名员工，已经被划分为2000多个自主经营体。海尔的组织架构也由之前的“正三角”转变为“倒三角”，且正向“节点闭环的网站组织”进化。

“所谓网状结构就是内部没有层级结构，变成一张大网，这张网是动态的，是和用户个性化需求结合到一块的，然后这张网来发挥更大的感知、满足用户需求的作用。”张瑞敏表示，海尔目前形成的网状节点组织就像“雷达网”，有全方位、抗干扰、自动目标识别的灵敏市场触角。随着用户需求的不断变化，海尔的“雷达网”也是动态变化的。

业界普遍认为，海尔正在尝试的，是一场为适应互联网时代用户需求而进行的“原创性实验”。这首先源于张瑞敏的忧患意识，他一直认为，企业的安危其实取决于能否跟上时代。他前几年的感觉是如履薄冰，如今则是走钢丝，更加凶险。毕竟，过去还有路标，如今则什么都没有，只能去摸索、探索、试验，并希望能够踏上“云时代”的节拍。

二、从“人单合一”到“全能王”

2011 年，海尔集团实现全球营业额 1509 亿元，利税 122 亿元，利润 75.2 亿元。海尔乐得把这些数据看成来自市场和用户的回报，是“人单合一”模式下网状节点组织驱动的结果。

数字仅为其一，海尔所取得的成就远不止于此。

根据第三方市场调查机构欧睿国际（Euromonitor）发布的最新全球家电市场调查结果显示：海尔大型家用电器 2012 年全球品牌零售量占比达到 8.6%，第四次蝉联全球第一，继续保持稳步增长势头。同时，海尔冰箱、洗衣机、酒柜、冰柜四类产品的全球市场占有率继续蝉联第一，其中海尔冰箱当年的全球品牌零售量市场份额高达 14.8%，第五次蝉联全球第一。

至此，海尔已拥有“全球大型家用电器第一品牌、全球冰箱第一品牌与第一制造商、全球洗衣机第一品牌与第一制造商、全球酒柜第一品牌与第一制造商、全球冷柜第一品牌与第一制造商”等九项第一，成为全球家电名副其实的“全能王”。

如果联想到这是在全球家电市场整体遭遇“寒冬”的大环境中所取得的成绩单的话，就更值得赞叹及珍惜。

国家信息中心发布的《2012—2013 年中国空调市场运行态势及发展趋势分析报告》中指出：“2013 年家电创新驱动已经步入用户主导时代。”而这也是海尔正在积极探索并推动的“用户主导企业创新驱动”战略内容之一，通过虚实网的融合互动打破原先挡在企业技术创新与用户需求之间的那堵无形的墙，让用户主导企业的创新，最终让这种创新引领未来的消费趋势。

而从全球首个“云家庭”解决方案发端，到全球首台无边框云电视、行业首款脑力波电视、冲击行业降噪极限的海尔水晶系列洗衣机，再到第一台语言遥控空调、全球首发无尾厨电、主导无霜潮流的海尔无霜冰箱等，海尔整合全球研发资源在中国、亚洲、欧洲、澳大利亚和美洲建立了五大研发中心，在全球平台型企业的路上越走越自信。

早起的鸟儿有虫吃，海尔正是在云时代来临之际踏上了节拍。而对更多的企业来讲，则对云时代的生存法尚未意识到或者即便意识到了也尚未建立。

如今，不少企业共同面临着“三高”难题：第一是高库存，没有现金流；第二是高费用，劳动成本非常高；第三是高成本。

那么，海尔创新管理的“人单合一”模式的本质是什么呢？就是希望能够发挥每一个人的才能和价值。互联网时代对于企业很大的一个挑战就是没有边界，对企业的挑战也不是拥有多少资源，而是能够创造多少资源。

具体来说，“人”其实就是所有的利益有关方，对企业来讲就是员工。“单”，就是用户价值、用户需求。所谓的“人单合一”，就是员工和所有的利益相关方都能够为了创造用户资源这个共同的目标去工作，就是实现利益相关方的共赢。这就是以用户为中心，所以企业的组织架构一定要发生颠覆式转变。

在推动海尔整个变革过程中，有一个重要工具叫作战略损益表，核心第一项就是围绕这个用户零距离的战略，你的用户资源到底在哪里？第二就是你有社会上什么样的组织资源来创造这个用户价值？第三就是在无边界的用户资源下用什么流程来做？最后就是用户资源、无边界的团队、流程是否有待优化？

“传统的海尔不恪守传统，用颠覆性创新占领全球市场。能够实现颠覆性创新得益于海尔的转型，海尔在发展中一直努力踏准时代的节拍。”这一评价，对于海尔而言，可谓一语中的。

三、把握节拍的创新力

在中国企业家群体中，张瑞敏是极其少见的对于全球管理思想非常感兴趣的人，当然，他的学习能力以及在企业中强力推广最新管理模式的决心，也更值得赞叹。

自 1984 年 12 月 26 日张瑞敏带领新班子来到青岛电冰箱总厂起，他就不断尝试以先人一步的管理模式来改造这家当时亏损 147 万元、产品滞销、人心涣散的企业。

第二年，为了唤醒员工的质量意识、市场意识，张瑞敏“砸冰箱”事件，既成为海尔历史上强化质量观念的标志事件，也在中国商业史上留下一笔。

回放海尔的发展历程，会发现其针对不同市场环境所作出的种种努力。

名牌战略阶段（1984 ~ 1991 年）特征：只做冰箱一款产品，

却探索并积累了企业管理的经验，为今后的发展奠定了坚实的基础，总结出一套可移植的管理模式。

多元化战略阶段（1992 ~ 1998 年）特征：从一个产品向多个产品发展（1984 年只有冰箱，1998 年已有几十种产品），从白色家电进入黑色家电领域，以“吃休克鱼”的方式进行资本运营，以无形资产盘活有形资产，在最短的时间里以最低的成本把规模做大，把企业做强。

国际化战略阶段（1998 ~ 2005 年）特征：产品批量销往全球主要经济区域市场，有自己的海外经销商网络与售后服务网络，Haier 品牌有了一定知名度、信誉度与美誉度。

全球化品牌战略阶段（2006 年至今）特征：为了适应全球经济一体化的形势，运作全球范围的品牌，从 2006 年开始，海尔集团继名牌战略、多元化战略、国际化战略阶段之后，进入第四个发展战略创新阶段——全球化品牌战略阶段。国际化战略和全球化品牌战略的区别是：国际化战略阶段是以中国为基地，向全世界辐射；全球化品牌战略则是在每一个国家的市场创造本土化的海尔品牌。海尔实施全球化品牌战略要解决的问题是：提升产品的竞争力和企业运营的竞争力。与分供方、客户、用户都实现双赢利润。从单一文化转变到多元文化，实现持续发展。

能够保证这些战略都能真正落地、生根发芽，首先要归功于海尔文化的核心是创新。敢于创新，也成为海尔在云时代来临之际能够迅速转型的法宝。

不难想象的是，海尔的每一步转型也未必都一帆风顺。不过，海尔人倡导这样一种精神：“世界属于不怕弄脏手的少数人。只有不怕双手沾满泥土，才能在暴风雨中自救，摆脱深陷的泥沼，探索出新的道路。”正是这些不怕弄脏手的人，让海尔在转型之时可以心无旁骛、坚持到底。

四、管理模式的背景分析：为什么变革

2005年12月25日，在北京钓鱼台国宾馆的研讨会上，海尔集团首席执行官张瑞敏宣布海尔集团进入第四个发展战略阶段——全球化品牌战略阶段。张瑞敏讲道：“在全球化品牌战略阶段，对海尔来说还是非常困难的……所以，我们现在制定了新的企业精神和工作作风……我们新的工作作风是‘人单合一、速决速胜’。原来主要是强调速度，在市场机遇多、市场空间大的形势下，速度是第一位的。但今天不但要有速度，还要有速度与精准的统一，因为环境变了。人单合一就是要解决速度与精准统一的问题……就是要解决内部管理和外部市场拓展两张皮的问题。”

张瑞敏所提出的“人单合一双赢”管理模式是海尔集团在互联网时代对组织变革进行的重大探索。“人单合一”的含义是：“人是指员工，‘单’表面上是订单，本质是顾客资源，表面是把员工和订单连在一起，但订单的本质是顾客，包括顾客的需求、顾客的价值。人单合一，也就是把员工和他应该为顾客创造的价值、面对的顾客资源‘合’在一起。双赢即员工不是根据上级下达任务完成的多少和好坏获得报酬，而是以员工创造的用户价值来体现自己的价值。”

“人单合一双赢”管理模式的核心目标是“让每个人员工都成为自己的CEO”，通过变革传统的组织结构，把资源和权力下放到一线员工，提高一线员工的创新性和活力，从而提高组织的战略敏捷性和为顾客创造价值的能力。其本质是建立一个机会平等、结果平等的平台，让每一位员工有权根据市场变化自主决策，有权根据为用户创造的价值自己决定收入。从 2005 ~ 2012 年，海尔集团在七年多的时间里，对其组织进行了多次重大变革，目前海尔集团已经颠覆了传统的组织结构，组织结构已经从“正三角”变革为“倒三角”组织，集团所属的八万多名员工被划分为 2233 个自主经营体。每个自主经营体都成为自驱动、自创新、自运转的创新单元。

在海尔内部，“唯一不变的是变化”被深深地印在每一位员工的心中。海尔集团创业 28 年以来，变革是其主旋律，其战略演变主要包括名牌战略发展阶段（1984 ~ 1991 年）、多元化战略发展阶段（1991 ~ 1998 年）、国际化战略发展阶段（1998 ~ 2005 年）、全球化品牌战略发展阶段（2005 年至今）。同样，海尔管理模式也经历了多次重大变革，从日清管理法、OEC 管理模式、市场链管理（SBU）发展到“人单合一双赢”管理模式。

那么，海尔为什么要实施“人单合一双赢”管理模式？

1. 全球化的挑战

全球经济一体化的发展势不可当。特别是中国于 21 世纪初加入 WTO 之后，更加面临着全球化的挑战。面对国际化的挑战，海尔认为，“从市场的角度来讲，中国企业不可能在全世界找到一块不是国际市场的市场，都是国际市场……而中国市场现在不管是城市还是农村，国内市场已成为国际市场的一部分……所以，这是不能退缩而且必须迎上去解决的一个问题。”

张瑞敏早在 2005 年就指出：“在全球竞争中取胜的标志是品牌，因此必须运作全球范围的品牌；但是如果想做成一个国际化的品牌，又取决于全球化品牌的战略。在全球化运作的能力方面，我们的国际化名牌的对手有着我们所不具备的全球市场网络和全球化竞争的素质。我们……上一个阶段叫作国际化战略阶段。国际化战略和全球化品牌战略有很多类似，但是又有本质的不同：国际化战略阶段是以中国为基地向全世界辐射，但是全球化品牌战略阶段是在当地的国家形成自己的品牌。所以，这一点有着非常大的不同……在全球化品牌战略阶段，对海尔来说还是非常困难的，我觉得至少要过三道坎：第一道坎就是从入围资格到进入决赛圈。第二道坎是：进入决赛后，从机遇利润到双赢利润。第三道坎是：获得利润后，要从单一文化转变到多元文化，实现持续发展。”

为了应对全球化的挑战，海尔应该做什么？对于这一问题，海尔集团高层管理人员的共识是：从海尔内部来讲，一定要做商业模式的创新；从外部来讲就是做全球化的品牌。

2. 互联网时代的机遇与挑战

20 世纪中后期以来，随着网络信息技术的大规模应用，互联网已经并正在深度渗透到世界的每一个角落，改变着人们的生产生活习惯，对企业的经营管理带来了严峻挑战。最大的挑战之一就是，在互联网时代，信息不对称的状况正在改变，信息主动权正在由企业转向用户，用户拥有足够的信息掌握产品特点及价格，不断进行对比和议价，直到找到满足自己个性化需求的产品和服务，主动权已经掌握在了用户手里。为此，企业必须适应这种变化，推进内部经营管理机制的变革，以便更好地接近用户，满足用户的需求。海尔认为，“这就不是以企业为中心，而是以用户为中心，这是非常大的改变。如果不能改变，还抱着低成本、大规模制造的旧模式肯定不行。”

海尔以积极的心态面对互联网，认为“互联网也为企业创新发展提供了手段和条件，带来了机遇”。

一是网络已经成为家电产品重要的营销渠道。作为信息技术与经济发展相结合，网上零售业是一种新型的商品交易方式，是电子商务的重要模式，网上购物已成为消费者一种时尚的消费方式选择。虚网网络成为家电重要的营销渠道，由于交易方式的改变，大大地降低了交易成本，提高了家电行业的交易效率，形成商业经济发展新的增长点和新动力。

二是家电企业信息化能够有效地提高效率和响应速度。家电行业信息化为家电企业带来了很大便利，提高了工作效率，减少了运营成本，提升了企业核心竞争能力。供应链领域，包括订单管理、快速响应、设备维修、供应链网络规划等；市场销售领域，包括客户预测、渠道管理、定价管理、折扣管理等；财务管理领域，包括预算管理、资金管理、应收应付账管理、资产管理等；分析决策领域，包括业务运行状态监控，收入、成本、库存、资产等关键 KPI（关键业绩指标）的实时反馈等提高企业运营效率，降低成本，提升竞争力。

三是利用信息化手段创新服务模式。长期以来，我国的家电流通企业无法完全满足生产企业的流通需求，品牌企业必须建立自己的营销网络和服务网络。随着售后服务网点规模不断扩大和管理成本逐渐加大，以及竞争的逐渐升级和服务成本的巨大投入，管理维护的成本越来越高，利用信息化管理系统可以有效降低运营成本，同时基于信息化平台的在线服务响应、在线维护、在线升级等增值手段创新了服务模式，信息化极大地提高了服务竞争力。

四是互联网时代奉为经典的西方经典管理理论失效。传统工业时代经过百年积淀的世界领先企业在互联网时代表现出了发展乏力，新时代的到来将世界百年企业与新兴发展中企业打散到同一起跑线，谁掌握了时代规律，创新出符合时代发展的管理体系与商业模式，谁就有可能成为世界领先的企业。

海尔把应对互联网时代的挑战作为管理变革的重大因素进行积极探索。海尔认为：“今天的巨大挑战在于如何在互联网时代创造客户……这就促使我们来探索如何使用互联网在最短的时间内满足客户需求，从而消除与客户间的距离……互联网时代对企业的要求是速度。但企业变大以后容易形成大企业病，快不起来。这是一个非常大的矛盾。”

3. 家电行业的激烈竞争

改革开放以来，我国家电行业迎来了蓬勃发展的黄金期。尤其在 20 世纪 80 年代中后期和 90 年代前期，我国家电企业几乎都在巨额利润的推动下迅速实现了规模扩张。但从 20 世纪后期开始，由于城市市场趋于饱和，家电产品供大于求的矛盾日益突出，特别是中国加入 WTO 以来，众多跨国知名家电企业凭借先进的技术优势和品牌知名度，开始大规模进入中国市场，使得我国家电行业的竞争日趋白热化。消费者有了史无前例的选择余地，需求日益个性化的消费者越来越成为左右市场的主导力量。

与此同时，在上游成本增加和下游流通企业的双重压力下，整个行业利润率快速下降，平均水平不足 5%，电子信息类产品的利润率甚至低于 1%，“如刀片一般薄”的利润空间对国内家电生产企业的生存发展造成了严峻挑战。国内家电生产企业纷纷开始反思传统的生产运作模式。企业之间的竞争重心已经从早期的成本、质量、交货期等方面逐渐转向顾客。以顾客主导，企业的研发、供应、制造、销售各环节均直面顾客，从而形成全新的客户经济形态已经变得越来越明显。

海尔作为国内家电行业的龙头企业，一直以来都依靠创新推动发展，尤其是21世纪以来，海尔开始围绕整个行业的全流程价值链进行思索和探讨，着眼于提升购买方获得的价值即用户价值，最大程度发挥每个员工的能力，降低企业内部成本和供应商的机会成本，从而扩大整个行业的价值空间。到了2008年，海尔开始打造新的生产运作模式，即：以发掘和创造用户价值为中心，由传统的关注价格转为关注价值，同时要求充分调动？一位员工的积极性，通过自主创新提高经营效率，降低成本，培育企业竞争优势。

4. 新生代员工

随着中国劳动力人口逐渐进入“80后”“90后”时代，海尔“80后”“90后”员工比例逐渐增多。特别是近三年，“80后”“90后”的员工数占比已经达到海尔全体员工总数的2/3以上，这些“80后”“90后”员工学历普遍较高，视野宽广，接受新鲜事物快，对自我价值实现的要求也更加迫切，希望通过自己的努力得到认可和尊重的愿望也很强烈，传统的管理模式日益受到挑战。

全面激励理论认为对员工的激励主要有三种来源：除了传统的薪酬和福利两大激励要素之外，工作体验和工作成就是第三大激励来源。据此，海尔认为，企业必须打破传统的层级制管理模式，主动构建一个能为员工带来自我价值实现和增值、使其个人发展与企业发展相一致的平台，并且在这个平台上，能够通过创造价值而带来个人的物质及精神激励的最大化。只有这样才能吸引优秀的员工，使他们充分发挥积极性和能动性；只有当员工的潜力得到充分发挥，自我价值得到充分体现，企业才可能获得持续的竞争优势和发展潜力。

5. 大企业病

随着企业规模的不断扩大，官僚化的流程和结构会不断侵蚀企业的效率。海尔集团亦不能幸免。随着海尔经营规模越来越大，管理层级越来越多，企业内部的决策运作效率越来越低，“大企业病”的表现越来越明显，特别是海尔在国际化大发展时期，企业规模的扩大滋生权力环节蔓生，影响到信息和问题的上传下达，导致神经末梢感应不灵，从而降低了管理决策的准确性和有效程度，职能机构增多，加深了企业的专门化、部门化程度，滋生出官僚主义、部门小团队主义等不良现象。例如，一份设备合同要完成审批需要十几个人签字；几千元的市场费用审批长达一个月之久等。

五、管理模式详解：如何变革

任何管理变革都面临着企业内部固有流程、结构和观念的挑战。海尔自提出“人单合一”模式之后，不断进行探索和创新实践，逐步明确和优化以自主经营体为基础的“人单合一双赢”的管理理念、方法和体系。海尔的人单合一双赢管理中的“人”指的是员工，“单”指的不是狭隘的订单，而是指市场用户需求。人单合一双赢管理是指以快速满足用户需求和创造用户价值为目标，依托海尔的“私有云平台”技术，通过构建三级三层自主经营体，形成倒三角形自主经营网络；并建立以战略损益表、日清表、人单酬表为核心的人单合一运营体系，将员工与市场及用户紧密联系在一起，双赢体现在员工在为用户创造价值中实现自身价值，从而建立起一套原创性的由市场需求驱动的全员自主经营、自主激励的经营管理模式。主要变革措施如下。

1. 变革模式，理念先行

理念是行为的先导，正确的行为需要正确的理念作为基础。海尔认为，在互联网时代企业生存和发展的权力不取决于企业本身，而取决于用户。用户向企业购买的不再是产品，而是服务，所以企业必须从“卖产品”向“卖服务”转型，而企业要完成由制造到服务的转型，员工必须转型，从听命于上级转向听命于用户。张瑞敏很认同德鲁克的话：“21世纪的企业应该是每一个员工都是自己的CEO，也就是说应该自主做出决策。”为此，海尔追求搭建一个能够将用户需求、员工价值自我实现和企业发展有效融合的崭新管理模式，即人单合一双赢管理。基于这一思考，海尔在战略、组织、核算、流程和文化等方面提出了具体的变革思路。

在战略层面，海尔认为，要实现从原来的先造产品再找用户变为先创造出用户价值再制造产品，通过虚网即互联网与用户建立互动平台，挖掘用户需求，通过实网即营销、配送、服务网络快速满足用户需求，实现从大规模制造转为大规模定制，使海尔真正从制造型企业转变为服务型企业。

在组织层面，海尔决心从原来的大事业部制经营组织形式转变为以自主经营体为基本创新单元的三类三级倒三角形网状有机组织架构，将企业原来所有部门按照线体、型号、市场以及一级、二级、三级划分为两千多个自主经营体，实现以自主经营体为单元的快速反应的组织架构，使员工通过自主经营体与客户直接对接，由自主经营体直接决策和满足用户需求，彻底改变决策流程链条太长、执行迟缓、员工被动的缺陷。

在核算机制上，海尔大胆改变传统的财务核算体系和薪酬管理体系，设计自主经营体的三张表，即：战略损益表、日清表、人单酬表。第一张表表明创造用户价值的正确方向，第二张表精确到任务完成的流程时效，而第三张表就是员工和自主经营体自我经营的最终结果，直接决定了自主经营体和员工的薪酬。

在流程上，海尔重视充分利用信息技术，从原来的信息孤岛变为开放的信息化系统。企业通过信息化平台与用户互动，及时把握用户需求，并以最优方案满足用户需求；企业也能够通过信息化系统及时掌握经营体的绩效和问题，通过提供资源和专业服务帮助经营体达成目标。

在文化上，海尔致力于建立开放、公平的人单合一双赢文化氛围，以目标为导向，鼓励员工不断创新，不断挑战自我，每个员工都能成为自己的CEO。

2. 建立以自主经营体为基本创新单元的倒三角形组织体系

海尔进行变革的核心内容之一就是，打造倒三角形的组织结构。这种结构的转变是为了实现两个“零”的目标：员工内部协同的零距离，以及组织与外部用户的零距离。为此，海尔建立了自主经营体架构，把8万多名员工变成了2233多个自主经营体。自主经营体改变了海尔原来学习日本企业所建立的事业部制，打破了传统的层级结构，全员都面向市场。比如营销，原来有负责全国、各个省和各个县的层级，现在就只有一层，就是自主经营体；在城市，一个社区就是一个经营体；在农村，一个县就是一个经营体；原来的中间层级全取消掉，变成资源支持平台；一线经营体倒逼后面的支持平台提供资源。

自主经营体的变革是人单合一管理模式中最为重要的一个环节，也是最具有挑战的，这一变革涉及许多管理者的既得利益，需要管理者把资源和权力下放到每个自主经营体。

确定自主经营体的内涵、特征和类别。自主经营体是海尔人单合一管理的核心和组织载体，也是实施人单合一管理的基本创新单元。所谓自主经营体，是以创造并满足用户需求为目标，以相互承诺的契约关系为纽带，以共创价值并共享价值为导向的自组织。自主经营体拥有用人权、分配权和决策权及自己独立的核算报表。自主经营体都必须面对市场创造用户价值，否则不能成为经营体，每个员工都必须进入经营体，包括财务、人力等职能部门都要融合进入自主经营体，要提供资源把自己由后台变为前台。自主经营体实现“自主”，最主要是赋予“三权”：用人权、分配权和决策权。经营体长可以选成员，成员也可以选经营体长。自主经营体成员可以一起决定罢免经营体长和成员的去留。自主经营体有权根据用户需求的变化采取有效决策。经营体能不能拿到薪酬，就看最终有没有为用户创造价值，而不是像以前根据职务和等级发放薪酬。

经过前期探索，海尔认为自主经营体要具备以下三要素：端到端，同一目标和形成倒逼体系。端到端是指自主经营体要围绕用户需求，从用户难题开始到用户满意为止，从用户端到用户端。一切从用户出发，用最快的时间为用户创造价值，如果不能给用户创造价值，不能让用户从不满意到满意，那么自主经营体就没有价值。同一目标是指整个自主经营体团队只有一个共同目标，即为所负责的用户群创造价值。自主经营体团队虽然是由以前不同部门的人员所组成，但都是围绕共同的目标从不同的方面来承担分解的工作目标。倒逼体系是指自主经营体从满足用户需求出发，通过契约的形式倒逼到内部全流程的人员互相承诺，制定预算和预案，保证目标的达成。

同时，海尔在试点基础上总结出了自主经营体要具备三个典型特征：自创新、自驱动、自运转。自创新是指自主经营体要根据用户需求的改变不断进行创新，不断满足用户的需求，同时能够不断挑战更高的目标。自驱动是建立日清预算体系，将工作目标和预案分解到每天，能够自主地按照每天的预算驱动完成任务。自运转是指流程和机制不断优化升级，即流程化和制度化，形成一个良性的螺旋式上升的闭环优化体系。

海尔的自主经营体分为三级，即一级一线经营体、二级平台经营体和三级战略经营体。一线经营体直接面对用户，每个一线自主经营体直接面对市场，为所负责的用户群创造价值。一线经营体要求缴足企业利润，挣够自己的经营费用，剩余超利分成。根据在创造价值过程中所起的作用不同，一线经营体又可以划分为三类经营体，包括市场经营体、型号经营体和线体经营体。市场经营体提供差异化的用户解决方案，创造用户需求；型号经营体创造差异化的产品和服务满足用户需求；线体经营体提供即需即供的供应链服务，将差异化、零缺陷的产品快速送达用户。二级平台经营体为一线经营体提供资源和专业的服务支持。而三级战略经营体，即原来的领导者，他们负责制定战略方向和发现新的市场机会，同时为经营体配置资源，帮助一级和二级经营体达成目标。根据与用户的距离从近到远，依次为一级、二级和三级，同时也构成了海尔创新的倒三角经营组织体系，从上至下依次为一级、二级和三级。三类经营体之间依靠“包销契约”的方式实现价值协同；三级经营体之间依靠“服务契约”的方式实现资源协调。

分阶段稳步建立自主经营体。为了确保自主经营体的组建能够减少风险稳步推进，海尔从试点开始，稳步推进，分为三个阶段：

第一个阶段是树立样板。从一个点（一个区域、一个型号、一条生产线）开始突破，建立样板经营体，总结样板经营体好的做法和经验，固化成手册，成为其他经营体可供学习的工作指导。海尔最初的样板并不是特意为之，而是市场在实际操作过程中自然形成的。例如2009年四川省三四级冰箱市场以满足农村用户需求为出发点的自主经营体雏形的形成，形成了海尔第一个冰箱农村市场自主经营体，同时也成为一个成功的“样板”。经营体负责人和企划、研发、物流等平台的13个人共同构成自主经营体，团队战斗力极强。在“家电下乡”中，一线员工捕捉到了一个市场需求：政策有限价，而农民需要一些高端冰箱。矛盾如何解决？经营体倒逼全流程资源，在极短时间内打造出低价位、高性能的三门变温冰箱，备受欢迎，海尔冰箱在整个农村市场实现了40%的高增长。

第二个阶段是做透样板。所谓做透，就是纵横连线打通。纵向是指自主经营体的三级架构，表现为样板点的一级经营体的优秀做法能够被其在连线上的二级经营体总结成手册，同时二级经营体能够为该一级经营体提供资源使其得到提升。二级经营体和三级经营体之间的连线与之类似。横向是指三类经营体之间的包销定制关系，表现为市场经营体与型号经营体之间的包销定制，型号经营体与线体经营体之间的包销定制等。通过做三类经营体各自的样板，形成包销定制的相互承诺合同的指导。做透样板还要表现在端到端全流程闭环优化；将样板经营体的做法制度化、流程化，通过信息系统固化下来。做透样板最终体现的是将样板自主经营体做成一个能够独立核算、自负盈亏的企业内部公司。

第三个阶段是复制样板。将样板经营体成功的做法和已经形成的手册指导通过流程复制到其他经营体以及整个体系，保证全局的目标达成。通过三个阶段的推进，确保自主经营体步步为营，有序发展，同时保证自主经营体在组建的过程中不偏离战略方向，及时将已经取得的成效通过信息系统流程化制度化，在复制的过程中不断优化提升。

以竞争方式建立和淘汰自主经营体。海尔自主经营体的组建并不是由哪个领导或者哪个部门主导的，而是从市场的需求出发的。由三级经营体长根据集团战略确定业务战略定位与战略方向，并创新机会、创造资源建立驱动员工抢大目标机制，这些机制有效运行的前提必须体现“高效率、高增值、高薪酬”。员工在明确的战略与有效机制驱动下，凭借“三预”抢入经营体（“三预”是指预算、预案与预酬，即拿出“如何做、如何防范风险及需要多少资源”的方案）。经营体的组建过程就是目标确定的过程，员工在机制驱动下为了体现效率、实现增值、获取更高的薪酬，积极主动挑战自我、挑战大目标。在由自主经营体组成的倒三角架构的组织中，各经营体自主运行、自负盈亏，是一个个独立的虚拟公司，每个经营体都有自己的损益表与人单酬表并市场化，当虚拟公司经营不善将会被同级经营体兼并与重组，完全地企业内部市场化运作。

在自主经营体的竞聘过程中，先确定的是该自主经营体的经营体长，由该岗位的上级（通常一级经营体由二级参与，二级经营体由三级参与）、下级员工、平级等利益相关方和职能部门（财务、人力、战略等）根据参加竞聘经营体长的员工的“三预”方案的可行性来确定最终结果。其中，作为首要参考的为“三预”中的“预算”，该预算必定是高于第一竞争力目标的预算，通常如果参加竞聘的员工预算较高而其支持预算实现的“预案”亦具有可行性，则该员工竞聘成功，相应的，也会按照该员工提出的预算所对应的薪酬，即“预酬”，最终确定其薪酬。整个过程既明确了最终要完成的目标，又明确了完成该目标之后所对应的薪酬水平，同时也在事前明确了完成任务的路径等，并且整个过程都是员工根据自己的意愿和能力确定的。另外，自主经营体内成员的产生与经营体长的竞聘过程相似，也是凭借“三预”竞聘上岗。

最后，自主经营体的数量和单个经营体内成员的构成并非一成不变，而是根据市场不断地进行调整。自主经营体的成员确定后，也可以通过“官兵互选”的方式进行更换，团队长可以选成员，成员也可以选团队长，但无论怎么选，其前提必然是有竞争力的“三预”做保障。同时，经营体成员是动态的，而非固定不变的，有能力进入经营体的员工有可能因为中间过程不能很好地达成目标而退出，在海尔内部叫作“进、上、出”的竞争机制。

通过契约建立不同层级、类别自主经营体之间的有效连接。海尔的三类三级经营体之间是通过契约关系实现相互承诺和资源的提供的。三级经营体之间是通过服务合同，即三级为二级提供资源服务，二级为一级提供资源服务而实现三级的纵向打通，而本质是三级经营体均围绕着市场需求而完成不同的分工。三类经营体之间是通过“包销定制”契约实现连接的，市场经营体与型号经营体之间是“包销”，销售前就通过契约关系相互承诺该型号在市场的销售量，而型号经营体 / 市场经营体与线体经营体之间是通过“定制”契约实现连接的，生产前就通过契约关系相互承诺定制该型号的数量。

改变传统的金字塔形组织架构，形成倒三角形自主经营体网络。通过设置三类自主经营体，海尔集团的组织架构从以前的 N 层机构扁平化为三级架构，即三级经营体架构。倒三角组织结构为人单合一双赢模式提供了基本框架，目的是为了更好地适应市场变化，创造用户价值，引领市场。就是员工从过去被动地听领导的指挥、完成领导确定的目标，变成和领导一起听用户的指挥、创造用户需求，共同完成为客户创造价值的市场目标。企业将以用户为中心，而不再以领导为中心。企业人人都面对市场，在创造用户价值中体现自己的价值。管理者最重要的任务不是下指标，而是按照经营体中一线员工的需求，去帮助整合资源。管理者最重要的职责也不再是考核员工的指标和效益，而是考核创造了多少自主经营体，为多少员工成为自主经营的CEO提供平台。在这个管理模式中，海尔希望让每个人都成为自己的CEO。

3. 建立自主经营体运营管理体系

海尔在人单合一管理模式下，创造性地建立了全新的自主经营体运营管理体系，核心为三张表：战略损益表、日清表和人单酬表。海尔认为，战略损益表是纲，决定了战略方向；日清表上接战略损益表，下接人单酬表，是对战略落地执行的纠偏过程；人单酬表是果，是对自主经营体及其成员承接战略结果的显示。

战略损益表。海尔通过创新的战略损益表驱动每个经营体始终以用户为中心，通过经营表外资产实现表内资产的增值，同时分享价值。因此，海尔的战略损益表不仅包含了传统企业的三张表（资产负债表、现金流量表、收入利润表）反映的经营绩效，还体现出人单合一双赢模式下，表外资产“人”的增值，即自主经营体如何通过创造用户价值实现自身价值并分享增值。这种核算体系以员工为中心，力求将用户最大价值与员工的最大利益紧密结合在一起，大大提高一线员工的活力和创新力，以更好地适应互联网时代营销碎片化和需求个性化的特点。此外，战略损益表改变了企业资产管控掌握在少数高官手中，员工与上级博弈的现象，实现了2233个自主经营体共同经营公司资产，这在当前全球经济发展放缓、环境变化迅速的不利境况下，大大降低了企业经营风险。

海尔把传统的财务损益表转变成每个自主经营体的战略损益

表。传统损益表是以数字损益为导向的，主要内容是，收入减去成本和费用等于利润。战略损益表是以用户价值为导向的，其中的收入项是指为用户创造价值而获得的收入；有些收入如果不能与用户需求挂钩，不能持续创造用户资源，尽管产生了收入也不能计算在收入项。例如有些经营体为了完成任务，把库存里能耗高且毛利低的旧型号（即所谓“CD”类型号，与之对应的是“AB”类型号，是指既给用户创造价值又给企业带来高增值的产品）通过降价促销形式卖给消费者，这样尽管收入有所增加，但并不是真正给用户提供满意的产品服务，不属于战略绩效，因而收入也不能计入战略损益表。

战略损益表的内容分为四个象限，简单地说，第一个象限是用户价值，第二象限是人力资源，第三象限是流程，第四象限是闭环优化。国外的学者把海尔战略损益表四个象限的第一个字母挑出来，正好组成“ZEUS”（宙斯）。这样，海尔将原来企业一张总的大表变成2000多个经营体各有一张战略损益表，既保证战略的有效承接，又划分成小的资产经营单元降低风险，同时每个自主经营体各自为自己的用户创造价值，不仅形成整体效应，还避免了滥竽充数的问题。

传统损益表是事后分析，每个企业都会进行经济活动分析，但分析的都是过去的数据，木已成舟。而海尔的战略损益表是事前算赢，分析的是为达到目标应做什么工作。

战略损益表主要包括一级经营体和二、三级自主经营体的损益表。对于一级自主经营体的损益表，主要看为用户创造了多少价值来确定损益。对于二、三级经营体，其损益不仅体现在为用户创造的价值，还要看其在为一级经营体提供资源和服务的有效性以及战略、机制、团队建设方面的贡献，即经营一级经营体的提升。

日清表。由事先算赢的概念带来第二张表，即日清表。日清表上接战略损益表，下接人单酬表。日清表就是要关闭业务执行中的差距，保障怎么样把工作落实到每一天，每天进行创新，把预实差距背后的问题预先采取措施加以解决，保证目标落地。海尔通过建立信息化的日清平台，包括短信日清平台，帮助员工形成每天的预算，并进行日清总结提升；每天产生的收益和差距会以短信的形式通知员工，并提供产生差距的原因分析与关差建议的服务支持来帮助员工关闭差距，保证员工最终都可以顺利完成目标。

日清表首先要承接战略损益表，显示经营体现状，具体包括财务数据和经营人的现状，然后明确“161”（上周工作绩效挂定，本周工作预算锁定，6周工作预算排定）事前预算的内容，经营体需要事前将关差路径和预案锁定。接下来是日清分解，将“161”预算内容分解到每天的工作预算，并能够显示出每天的工作预算、实际及差距。每天进行日清，找到执行中的差距，做出纠偏计划，保证目标的完成。最后将一周的工作绩效进行评价，显示绩效结果并与个人的损益挂钩，制定新的预算，周而复始，螺旋上升。

人单酬表。经营的结果直接落实到每个人身上，其宗旨是“我的用户我创造，我的增值我分享”。人单酬表体现了“合一”的理念，根据业绩完成情况及与集团整体目标的达成效果确定经营体的总体薪酬，把员工的报酬和他为用户创造的价值紧密结合，是员工自我经营的最终结果，体现了员工自主运营自负盈亏的原则。比如费用问题，一般企业都是按照职务决定享受的待遇，海尔则是根据创造了多少用户价值来决定开销，对自主经营体的要求是：缴足利润，挣够费用，超利分成，自负盈亏；这样，员工不会浪费时间等待领导审批应该乘坐什么样的交通工具、住什么样的宾馆，员工自己都会按照自己的损益来衡量和解决，人单酬表把员工的报酬和他为用户创造的价值紧密结合起来。

人单酬表中个人所拿工资的多少是由为用户创造多少价值来实现的，给用户创造的价值按竞争力水平分为五个区间，依次为分享区、提成区、挣工资区、亏损区、破产区。五个区分别对应相应的竞争力水平。

人单酬表激励的原则是“三高”，即：高效率、高增值、高薪酬。具体表现在三个方面：第一，根据有竞争力的目标确定对应有竞争力的薪酬标准，经营体实际创造的价值越大，挣出的可供分享的薪酬资源就越大；薪酬资源主要用于经营体自主用人及自主分配；第二，驱动经营体创造未来机会；第三，经营体自主用人、自主分配。经营体成员有权决定整合一流的人才加入经营体，有权决定让不合格的人退出经营体，并有分享增值收益的自主权。

4. 人力资源管理战略转型，为“人单合一”运行提供人才保障

传统企业的人力资源管理，将用人权牢牢地掌握在人力资源管理部门的手中，一线的经营单位几乎没有任何用人权。在人单合一管理模式中，海尔集团的人力资源管理打破了传统的管理模式。集团将用人权下放到各级自主经营体中，集团的各级人力资源管理部门则成为资源的提供者和支持者。

明确自主经营体用人的标准和原则。经营体自主用人的前提：锁定经营体人工成本预算标准（如：人工成本占经营体销售收入的

比），经营体能挣够用人成本的前提下，用多少人，用什么岗位的人，经营体可自主决定。

经营体用人标准：经营体引进的人是诚实可信的，能够完成第一竞争力目标并能持续优化的人。经营体可以使用人才漏斗来筛选人才，其主要步骤如下：①认同人单合一双赢的文化；②认同集团战略，认同岗位第一竞争力的目标；③有承接第一竞争力目标的预算和预案；④敢于承诺第一竞争力的目标。

在人工成本充足的情况下，自主经营体可聘用高级人才或专业人员，高素质人才创造更高的价值，更高的价值产生更大的薪酬包，更高薪酬又吸引更高级的人才加入海尔，周而复始，螺旋上升。这就是海尔提倡的正反馈循环、引入负熵的人才理念。

建立全球开放的一流人才储备池。海尔集团建立了即需即供的人才梯队，即人才储备池。集团各级人力资源管理部门和经营体明确责权利，通过各类渠道获取全球人才资源，实施人才池的三级蓄水管理，即：备用水（基本可以直接聘用的人才）、活水（已锁定，需定期沟通吸引的人才）、蓄水（初选通过的目标人选），人力资源管理部门通过持续跟踪不断优化目标人选，并适时对人才进行分类管理，针对不同类型的人才实施差异化的分别吸引，经过长期不断的沟通让候选人清晰了解并认同企业文化和企业战略，从而保证经营体人才需求的即需即供，大大缩短人才配置的周期且保证了人才配置的质量，使全球一流人才皆为我所用。

完善制度，提供机会安置被淘汰员工。进入经营体的员工，经营体长要进行定期的绩效辅导和沟通，经营体成员也必须根据实际绩效动态优化，以保持经营体整体竞争力，对未能进入经营体或进入经营体因绩效等原因又被经营体退出的员工，海尔集团采取了几项措施来安置这些员工：①整合资源提供多元化的再竞岗机会（如：新项目、新工厂需要的岗位；终端市场岗位；直接生产岗位以及自主创业的机会等）；②员工也可在集团内自主选择岗位意向，通过竞聘上岗，期间如有需要企业会提供培训的机会。如通过以上两种渠道，员工在限期内均不能再上岗，双方协议终止劳动合同目标：通过经营体员工的动态优化，提升经营体员工的活力。

5. 企业文化为人单合一管理建设营造有利氛围

对组织变革的多项研究表明，成功实施组织变革的企业往往拥有强势的企业文化。海尔的企业文化建设由海尔企业文化中心具体实施和执行，集团总裁进行指导和纠偏。随着集团人单合一双赢自主经营体的建设，整个集团被分为包括近 2000 多个自主经营体在内的 5 大战略板块，每个战略板块下设价值观经营体，人员近 30 人，全部为专职，负责本部门的企业文化建设工作。各价值观经营体之间打破部门与部门之间的“墙”，互为资源，与企业文化中心纵向打通，共同助推集团战略的实施。

企业文化建设工作在海尔最根本的功能就是统一价值观，消灭次文化，通过文化宣传工作引导全体海尔人正确认识集团的转型，找到差距的根源，从而主动承接集团战略。

为了让内部员工认同人单合一管理模式，海尔企业文化建设通过以下载体经营：集团及各经营体各自的周报，集团层面的报纸为《海尔人》报；海尔电视新闻；企业文化手册；手机报；对高级经理人的调研与沟通；漫画（海尔员工画与话）；现场文化看板；海尔核心能力素质模型主题演讲等。通过这些方式给员工搭建一个表达意愿、提出意见的平台，特别是在新管理模式实施之初，有很多员工不了解、不理解人单合一管理模式，各部门通过上述方式及时沟通，使新模式深入人心。

在企业文化诊断、塑造与提炼过程中，海尔分别采用讲故事、连续剧式跟踪（直到问题得到解决）、参与法、树典型等方式和手段。

在对企业文化的测评中，海尔主要是“从绩效的差找到人的差；从人的差找到观念的差”。通过集团会议、财务数据等了解到各部门的预实差，然后展开采访、调研；将了解到的信息进行整理，与主编进行沟通，确定报道角度和方式；进行补充采访后组稿。后期对该案例再进行跟踪闭环。

六、变革成果

战略成功转型。海尔经过不断的探索和实践，人单合一管理模式从初级实验逐步走向成熟和推广。人单合一管理模式为海尔带来组织、流程和文化上的重大变革；组织上实现“大企业做小，小企业做大”，整个集团共形成2233个自主经营体，每一个经营体就像一个自主经营的公司，自负盈亏，灵活反应，不断为用户创造价值；流程上建立了一套开放高效的信息化支持体系，保障自主经营体不断地优化升级，实现可持续发展；文化上形成了以自主经营体为基础的两创文化，即“创业”文化和“创新”文化，形成了“我的用户我创造，我的增值我分享，我的成功我做主”以及“人人都是自己的CEO”的浓厚文化氛围。

通过人单合一管理实践，海尔极大地推动了由制造业向服务业的转型，从大规模的制造转向大规模的定制。同时，通过人单合一管理丰富了职工民主管理的内涵，进一步探索了职工参与企业经营管理的有效途径。

重塑竞争优势。人单合一管理有效提高了企业运营效率和竞争优势，海尔库存周转天数缩短为5天，而行业平均是50天，营运资金周转天数可以达到负的 10 天，这在中国制造业中是极少企业可以达到的。2011 年在全球经济形势低迷的情况下海尔集团持续保持了良好的发展势头，实现了全球营业额 1509 亿元人民币，同比增长 11%，稳居 2011 年度中国家电企业第一名。海尔实现利润 75.2 亿元人民币，增幅 116%。从 2007 年到 2011 年海尔利润复合增长率为 38%，是行业的两倍!

激发了工作活力。自主决策、分配的经营体使员工获得了积极性和工作活力。员工不再是被动等待上级安排工作，而是主动来抢大目标以实现自身的价值。在企业快速发展的同时，员工自身收入也实现了快速增长。整个集团 2011 年上半年员工总收入同比增长 17%，人均收入的增幅为 19%，其中一线经营体员工的薪酬增幅大于二、三级增幅。从整个行业来看，同行业员工收入增幅平均水平为 9.1%，海尔实施人单合一管理模式后，三类三级经营体的人均收入增幅远高于同行业收入增幅。

七、云管理的应用与价值：以用户为中心

全球经济一体化的发展势不可当。特别是中国于 21 世纪初加入 WTO 之后，更加面临着全球化的挑战。面对国际化的挑战，海尔认为，“从市场的角度来讲，中国企业不可能在全世界找到一块不是国际市场的市场，都是国际市场。”随着网络信息技术的大规模应用，互联网已经并正在深度渗透到世界的每一个角落，改变着人们的生产生活习惯，对企业的经营管理带来了严峻挑战。海尔认为，“这就不是以企业为中心，而是以用户为中心，这是非常大的改变。如果不能改变，还抱着低成本、大规模制造的旧模式肯定不行。”

海尔把应对互联网时代的挑战作为管理变革的重大因素进行积

极探索。凭借对于互联网的敏锐洞察，海尔以自组织这一社交网络理念打造的“人单合一”商业模式支撑客户需求与研发、生产、服务的合一，成功实现互联网企业的全球品牌战略转型。

1. 打造虚实两张网

凭借对于互联网的敏锐洞察，海尔以自组织这一社交网络理念打造的“人单合一”商业模式支撑客户需求与研发、生产、服务的合一，成功实现互联网企业的全球品牌战略转型。战略转型的核心之一是商业模式的重新设计。在新的商业模式中，每个人为自主经营体，采用损益表、日清表、人单酬表进行考核，海尔利用新兴技术编制两张网，来保障“人单合一”的有效执行。

两张网的第一张网是人单合一网。外部用户个性化需求的网倒逼企业内部员工形成对应的网络组织。第二张网叫虚实网融合。虚网就是互联网，实网就是海尔的营销、服务和物流网。虚网要做实，实网要做深。

所谓虚网做实，用户可以通过 Facebook 等社交网站参与海尔的前端设计，而不仅仅在网上比价格，用户小组可以充分沟通，创造新的需求，这就是卖服务而不是卖产品。如果设计得好，申请了专利，专利收益可以有用户的一份，完全变成一个开放的体系、开放的平台。

所谓实网做深，指营销网、物流网、服务网深入到千家万户。海尔这几年在国内三、四级市场，将“日日顺电器连锁”铺到县、镇、乡、村。截至 2012 年 6 月 30 日，海尔县级专卖店网点达 7500 多家，覆盖了全国近 100% 的县，全国专卖网点总数达到约 35000 家。

2. 以云管理整合大资源，挖掘用户资源

在海尔内部，为了提高各个自主经营体的采购和生产效率，海尔要求供应商不再提供分散的零件，而是模块化供货。模块比传统意义上供给的钉子或铁皮等更能方便运筹和计算。与此同时，所有供应商的任务状态和出货情况都能呈现到全球每一位自主经营体负责人的眼前，不再像过去各部门的数据不一而足。通过流程上的这两大改变，自主经营体的负责人发现空闲资源并调整自身业务的效率大大提高。在计算各自主经营体的人单酬及绩效区位时，海尔也通过其私有云及时更新全球市场的动态数据，拉近内部协同的距离。

在外部，整合社交媒体、搜索引擎、门户网站、WIKI及网上商城上海量用户的偏好和需求数据、借力无边界团队的智力进行新品创新及讨论。

海尔能够实现以上目标和创新的基础是依靠云管理理念打造的信息化平台。

3. 突破组织界限，共同创造市场价值

以三门冰箱设计工程师王工的团队为例。2010年实施“人单合一”以前，王工需要研发哪些产品多由高一级的研发部门来敲定，上一级研发部门的工作目标由再上一级分解确定，以此倒推，最终许多决策其实体现了CEO或几位高管的意志。即使有一些自下而上的申请，也需要层层审批，这些是一般企业中再常见不过的流程。但2011年王工团队研发的新产品却不是上级的主意。当时，销售团队反映了一个情况：家电下乡时，许多农村顾客觉得冰箱的冷冻室空间不够用，他们习惯每隔一两个周末去镇上买几斤肉回来，或是在逢年过节杀猪时留下大肉。另一方面，冷藏室却空荡荡的，因为自家的蔬菜田就可以提供新鲜蔬菜，不需要放太多菜在里面。为此，王工的团队设计了三门冰箱，将冷藏室的空间减小，并多加了一层冷冻室。

有了产品构想后，还不能立刻埋头研发，他们需要同制造、销售团队“谈判”。让销售来预判市场需求和定价，由制造敲定产量、交货时间和生产成本等问题，彼此签订包销合同，也就是“单”。于是，这款冰箱在走设计、制造和销售的流程以前，一线销售团队已经预判过两千台的订单需求和定价，制造团队也已签约确认了生产成本。如果日后销量不能达到两千台，或者由于销售的降价、制造的成本问题，使利润率不能达到合同的规定，彼此就会按合同来追责。这类内部合同就是“单”的一种：各方需要以资源互换，比如销售团队以用户资源换取制造团队的产品资源。一般来说，“单”越多，换取的资源越高，海尔将此考核称为“人单酬”。

除了一线团队，HR 等支持部门也需要积极跑“单”，比如王工的研发团队需要给新来的几位工程师制定薪酬计划和培训，就会和 HR 部门签“单”。王工的团队并不“舍得”过多地劳驾 HR 部门，因为付出资源就等于花自己的钱，需要三思。

4. 互联互通，打破时空局限

未来，海尔将通过互联互通，打破时空局限，为消费者提供云服务。在青岛的一户普通人家，奶奶将从超市买来的冷鲜猪肉放入冰箱，冰箱自动扫描了产品的 SKU 码，追踪出猪肉出库、运输、上架信息及保质期时间。第二天下午四点，猪肉买回家快到 36 小时后，冰箱将猪肉以及其他即将过期食品的清单发到妈妈的手机上，让她选择优先烹饪。爸爸买来的龙舌兰烈酒冷藏在酒柜中，它的储藏温度和另外两瓶红酒不同，酒柜的温度即将达到龙舌兰酒瓶破碎的临界点，酒柜自动发送警报信息到爸爸的手机，他通过手机短信马上控制了酒柜的温度，挽回了爱酒。小朋友一回家就想喝可乐了，但家里的冰柜已经没有饮料了，这时一位大叔刚好把可乐送到家门口——是家里的冰柜将缺货的饮料信息自动发送给社区便利店的大叔。同样，药店能第一时间发现爷爷的高血压药片已用完，晚饭后会送上门。

八、尾声

在青岛崂山区海尔工业园的办公大楼前面有一组雕塑，雕塑的图形来源于《周易》的最后一卦，叫“未济”。所谓“未济”，就是未成功。这是海尔对自己日复一日的提醒，不断激励着海尔不断前行。

在张瑞敏的办公桌上摆放着一张照片：正在下沉的泰坦尼克号。在这张照片上写着管理学大师德鲁克的名言：“公司破产的原因在于，CEO 们进行企业决策时所依靠的对外部环境的主观假设不再符合真实情况了。”张瑞敏以此时时提醒着自己：CEO 的决策必须与不断变化的外部环境相一致。

海尔“人单合一”管理模式创新尽管已经成效显著，“但是遇到的困难非常多，我们目前正在加快探索的力度”。按张瑞敏的话讲：“中国企业到现在为止，没有属于自己的管理模式，都是学习西方的……真正从理论上来指导中国企业怎么做的，没有。”而且，“我们也想学习国外在互联网时代非常成功的管理模式，进行了很多探讨，但现在还很难找到一个成熟的互联网时代的管理模式。所以主要靠我们自己来摸索。”张瑞敏认为没有成功的企业，只有时代的企业，“如果一个企业被大家认为是成功的，那么它一定符合了时代的要求。”时代的不断变化必然持续带给企业不断的挑战。

以 20 世纪 80 年代的“砸冰箱”事件为开端，海尔在不断创新自己的管理模式。从 1989 年的“OEC 管理法”，到 2001 年推行的

SBU理论（StrategicBusi-nessUnit-战略经营单位），再到现在的“人单合一”管理模式。海尔正是在“战战兢兢、如履薄冰”的组织变革中，追寻着“让每个员工都成为自己的CEO”的终极梦想。

匹克体育用品有限公司

匹克是服装行业云管理的先行者，在激烈的竞争中，公司用云理念提升运营效率，节约管理成本，提升未来空间。匹克通过一体化运营实现纵向横向整合：通过云管理平台打造移动订货会。在内部云社区，匹克员工达成了高效的合作与沟通。

匹克的成功让我们看到：一个行业中的先行者，一个民营企业，其摸索前进过程中困难重重，任何一着不慎，皆有可能满盘皆输，只有拥有战略远见加上矢志不渝的执行力，先行者才有可能由当初的衔泥燕“飞上枝头变凤凰”。

一、匹克体育的国际化战略发展模式

“如果在我有生之年无法实现，我希望下一代替我实现。”谈及国际化话题，匹克体育董事长许景南如此说道，“哪怕倒在国际化的路上，也绝不后悔。”

此话听来悲壮，不过，读者大可不必担心，这更像许景南的誓言。

在过去24年间，他早已带领匹克实现了商标国际化、品牌国际化、资本国际化。唯一让他感觉不够满意的，是市场的国际化——在匹克的营业额中，中国市场贡献度占89.7%，海外市场占10.3%。尽管这一比例在国内同行业中是最高的，且该比例近几年一直持续提升（2010年为9.43%，2009年为8.86%），但他还是打算用10年时间，来实现自己理想的市场国际化。

在2012年，为了证明这种雄心，在本土体育品牌集体遭遇寒冬的背景下，匹克仍采取各种战略规划，大力拓展国际市场，坚定国际化的品牌定位。

除了成功利用NBA资源，在美国开店，建立海外研发中心，以美国为支点发展国际市场以外，2012年11月，匹克又签约德国篮协，将欧洲市场的“盘子”越做越大。不仅如此，匹克高管还走访加拿大，与NBA猛龙队达成合作伙伴关系，意图进一步开拓北美市场。

如今，匹克的产品已行销至欧美、非洲、亚洲、大洋洲等五大洲的70多个国家和地区。“国际化不仅是将产品、渠道和营销融入世界，还要让品牌精神与世界融合”，匹克CEO许志华表示，“匹克将全球资源为我所用，以不变应万变，让本土品牌迈向世界。”

这种“国际化基因”几乎始自匹克创业之初，当时，许景南就提出要创“国际品牌”。他将之归结为基于对经济形势的两点预测：一是经济全球化的必然性，匹克坚信一定要经济全球化才能支持工业化；二就是改革开放必然带来中国的强大，而强大的中国一定会带出强大的企业、强大的品牌。

匹克多年的发展，无疑证实了当初的这两点判断。如无意外，匹克还将继续远航，将出海进行到底。

2012年，算不得一个好年景。

对于匹克，这也没有例外。当然，匹克所遭遇的问题是行业性问题，各大运动品牌的日子都不好过。体育用品行业连续多年的高速增长导致的盲目扩张、库存高企、业绩下滑等问题，在这一年爆发出来。2012年前10个月，匹克关店逾千家，成为行业里已披露信息的公司中，关店数量最多的；此后，与其相守多年的红杉资本大幅减持，按照业界猜测，这表达出红杉对其未来业绩的怀疑。

不过，硬币也有另一面。对于关店，许志华更乐意理解为“调整”，他说：“门店的减少是一个表象，我们的根本目的是希望每一个单店的质量更高。过去我们的渠道还大量存在一些早期做团购业务的网点，调整的主要是这部分网点，同时形象不好、质量较低的门店也被裁减掉了，所以对我们的整体不会有太大影响。”

好日子到头了吗？无论如何，必须顺应市场变化做出及时调整。

在这方面，匹克同样充当了“领头羊”。他们率先采取优化渠道，减少小店，增开大店，以提升单店营收来拉动业绩增长，同时加强新一代门店的建设，提升消费者的消费体验与感受。在关店的同时，经过全新设计的“第七代门店”已经开始在一些区域进行试点，预计到2013年年底，匹克在全国将有近1000家门店完成更新换代。

而对于匹克董事长许景南来讲，这也不过是历次所谓“危机”中的一次而已。

匹克曾经经历过两次大的变革。第一次是1997年亚洲金融危机。当时，匹克正处于高速发展时期，资金需求量非常大。银根紧缩曾让许景南一筹莫展，很多发展计划也不得不搁置。1998年以后，安踏等一大批运动品牌兴起，竞争的加剧让运动用品行业的渠道体系由“以商场为主”转向“以专卖店为主”。由于包袱重，且缺乏相应的资金支持，在这一轮渠道转型战役中，匹克的步伐相对迟缓。直到2002年，匹克才完成渠道全面改革。

另一次则是匹克决定要走国际化道路。“一没经验，二没资源，当时很多老员工没信心，都走掉了，也有犯错误被辞掉的。”回顾当初匹克决定走国际化道路遇到的阻碍，许景南至今仍记得上市融资时，港交所不肯把“以创国际品牌为宗旨”这句话写上。“它担心写上了没有机构肯买我们的股票。”做国际品牌成本高、风险大，但经过几年发展，匹克已在全球180个国家注册了匹克品牌。

对于这次“危机”，许景南有着自己的思考。“体育运动品牌2012年为什么这么惨？我认为是精神的问题，所以要总结、反思、调整。”

而针对匹克未来发展，许景南提出三大应对方法：第一是统一思想，保证经销商和匹克一起走，创品牌是一个长期工作，不能让经销商有短期行为；第二是建立标准，通过建立标准的“第七代门店”将匹克精神渗透到终端；第三是加大服务，包括产品数量增多、供货效率提高等。

“体育用品行业处于寒冬？我认为这不是危机，而是机会。”许景南表示，立足中国、开拓国际市场空间，将帮助匹克迅速回暖，在中国体育用品市场重组中获得先机。

即便在所谓的“寒冬期”，许景南也没有丝毫弱化匹克的国际化。

2012年岁末，匹克通过签约NBA球星提升品牌影响力的计划迈出了重要一步：NBA超级巨星托尼·帕克正式加入匹克之队，成为匹克的全球形象代言人；至此，匹克NBA代言人增至17名。

同在该年底，德国篮协秘书长一行来华，与匹克达成战略合作协议——匹克将作为独家装备供应商和全球战略合作伙伴，在未来几年与德国篮协一起发展德国篮球运动，为德国国家男女篮、青年队等提供专业篮球比赛服、训练服等装备以及各项支持。“德国不仅是世界篮球强国，运动用品产业也十分发达，阿迪达斯就诞生于此。出人意料的是，前不久，德国篮协居然舍近求远来到泉州，与匹克合作。”谈及此，许景南依然激动不已。

不难理解，就在2012年，匹克凭借其在体育用品行业的品牌实力，连续4年跻身“最佳中国品牌价值50强”榜单。

许景南曾看过几集电视剧《闯关东》，他觉得，做大事的人总是要闯很多很多的难关，磨砺是普遍存在的，但不要因为磨砺的困难而放弃追求。

2012年12月18日，由品牌中国产业联盟、中国国际商会主办的2012品牌中国年度人物颁奖盛典在北京举行。匹克CEO许志华等6位企业家和社会知名品牌管理者荣获品牌中国年度创新人物。

获此殊荣，毫不意外。对于匹克，2012年是一个调整与转型之年，CEO许志华表示，匹克顺应经济和行业的趋势，从2011年就已进行调整，包括渠道、订货政策、开店战略、产品科技和品牌策略等，致力于在行业过渡期内积蓄足够能量进行厚积薄发。

此外，匹克还试图在“云计算”时代不落伍。为此，匹克积极用云理念提升运营效率，节约管理成本，有效保证企业国际化战略的实施。基于公司国际化战略、市场变幻局势以及互联网经济特征，对全集团的IT进行了长远而周全的部署。首先开展IT咨询，对建设规划、合作伙伴等进行洽谈，评估现状；随后构建起以ERP为核心的集成供应链平台，将项目管理、财务管理、供应链管理、质量管理、集成计划管理、主数据管理等功能集成，搭建起以渠道与供应链联运的扩展企业平台，将零售、物流等功能进一步集成；最终目标是建设延伸的企业平台，构成全面企业战略决策机制。同时，匹克的云管理核心应用领域还包括社交网络、移动应用及企业私有云的建设与应用等方面。

事实上，创新意识几乎伴随匹克走过了20多年。1988年，匹克集团的核心企业——中外合资泉州丰登制鞋有限公司创办伊始，匹克就具有超前的品牌意识，树立了“创民族品牌，建百年企业”的长远战略目标，沿着以质量创名牌的道路开拓进取，并努力将“匹克”打造成具有鲜明的品牌个性的篮球运动品牌。

早在1993年，“匹克”商标就陆续在68个国家和地区注册，为匹克的全球品牌计划奠定了扎实的基础。与此同时，匹克早在20世纪90年代中期就通过了ISO9002质量认证体系，成为国内同行业首家通过质量体系认证的企业，这也为出海提供了良好的质量保障。

2005年，匹克正式启动“品牌国际化”战略，通过赞助“斯坦科维奇杯”洲际篮球冠军杯、欧洲全明星赛、美国休斯敦火箭队主场、澳大利亚国家男女篮球队等多项国际赛事，匹克成功树立起一流的国际体育品牌形象。

2006年9月，美国休斯敦火箭队球星肖恩·巴蒂尔激情加盟匹克，标志着匹克在品牌国际化道路上迈出新的征程；而同月身披匹克战袍的澳大利亚女篮勇夺世锦赛冠军，彰显了匹克在体育营销上的成功。通过差异化的品牌营销，加之“品牌专业化、产品系列化”的经营方针，以及对销售网络进行精耕细作，强化终端形象，辅以科学的物流控制和销售管理，匹克成功地收获了品牌力所带来的销售增长和品牌价值的提升。

举例而言，过去匹克的篮球鞋出口美国只能卖到10美元一双，但现在作为NBA的赞助商，匹克篮球鞋可以在美国卖到80美元一双，这就是传统产业改造升级的成果。

许景南对一句话印象深刻：“人生如戏，戏如人生。”回顾许景南及匹克这些年的奋斗史，也像一场大戏，尽管一路走来颇显沉重、辛酸，但精彩与辉煌才刚刚开始。

二、管理模式的背景分析：代工起步，举步维艰

现在已经很少有人不知道NBA联赛，很多人对NBA球星更是如数家珍。在科技越来越发达的今天，人们在欣赏体育赛事的同时，也越来越关注这些球星们的“装备”。当你仔细研究NBA球员都穿什么“战靴”时候，你会猛然发现在耐克、阿迪之外，有一个很耀眼的中国品牌也在其中，这就是匹克（PEAK）。

但是，如果时光回溯到20多年前，再把目光聚集在1988年的中国大地上，你会发现中国还没有专业的篮球鞋，中国的篮球队员和百姓一样穿布球鞋打球。而此时匹克的创始人许景南刚刚成立了一个叫作“丰登”的制鞋有限公司，接下了耐克的一个项目。耐克当时有一个工厂在泉州，而丰登这个厂就是给耐克做相关配套。

然而接下来让许景南头疼的事情发生了，丰登的厂刚建好，耐克的生产基地就搬到了莆田。脱离了最初的配套生产，丰登只好先争取一些订单来做，但没想到争取订单也是一件不容易的事情。一次订单事件让许景南印象尤为深刻：许景南了解到一个台湾的客户有20万的订单，他马上认识到这么大的一个订单对初创企业很重要，因此下定决心即使亏点钱也要把这个订单拿过来。许景南拿出了最大的诚意，一路跟踪这个客户到广州，最后这个客户被许景南的诚意打动，同意要把订单交给丰登来做。但是让许景南想不到的是，这个客户最后提了一个条件，要求丰登先交保证金。可是丰登之所以要拿下这个订单，就是因为公司需要这个订单来启动业务，竟然还要交保证金，这是许景南所不能接受的。从广州回来之后，许景南经过认真考虑，发现既然接单那么困难，就不如自己干。

既然要自己干，就要想个牌子，许景南选择了公司的名字“丰登”作为自己产品的名字，寓意“五谷丰登”，总部仍设立在泉州，而市场则从北京上海做起。

为了打响品牌，公司的高管想方设法进行市场需求调研，同时去俄罗斯和美国学习行业的品牌经验。当公司管理层从美国回来的时候，都深刻地感到未来的市场是品牌的市场，既然要做品牌，不如干脆做国际品牌。

不过纵观当时的中国篮球运动鞋行业，没有市场，更没有品牌，这给公司的发展提供了一个机会，但更多的是面临的挑战。对于丰登这样一个刚成立的企业，资源有限，经验不足，国内还没有可参考的公司，公司的高管虽然知道努力的方向是创品牌，但具体怎么创却没有人知道。同时管理层还要面对来自企业内部的分歧，很多人表示不理解，既然不知道怎么做品牌，为什么还要做呢？像以前一样简单地接一些订单、挣点钱不是活得挺好吗？但此时的许景南心意已决。

既然确立了创国际品牌的目标，大多数人都认为“丰登”这个名字就显得不太合适，需要换一个国际化的名字。“丰登”被换成了“登峰”，这个名字一方面契合了公司是体育用品的性质，另一方面还契合了奥林匹克更高更远更强的体育精神，但这个名字还不够国际化，大家又想到了“登峰”的英文PEAK，这样，在1991年，“匹克”品牌就正式诞生了。就是这一次更名，为匹克以后的发展奠定了 个良好的基础，完成了匹克国际化的第一件重大事件——名称的国际化。1992年，匹克赞助了八一篮球队，并把匹克运动鞋装备穿到了真正需要篮球运动鞋的球员脚上——无论是球员专用装备还是赞助资金，这对中国企业而言都是首次。这一次，八一篮球队不负众望，首次实现了全运会冠军。此后，双方继续保持了良好的合作关系，八一队把冠军保持了十几年。同时，匹克开始把广告投放到中央电视台。这样，匹克从这些活动中获益匪浅，从一个无人知晓的牌子一跃成为国内知名品牌，并确立了国内运动鞋行业的领先地位。

1995 年，企业的管理层又进行了匹克的第二个国际化——制鞋标准的国际化。匹克在国内同行中率先通过 ISO9002 质量管理体系和产品质量双认证，从而在制鞋标准上实现了国际标准，塑造了匹克高标准、高质量的形象。在 1997 年，根据相关评估标准，“匹克”品牌的无形资产被评估为 1.999 亿元。

三、管理模式详解：内忧外患，销售断臂转型

在创业初期，匹克就具有远见性地提出了“国际化战略”。在执行国际化过程中，又针对性地走出了“名称国际化”“制鞋标准国际化”“品牌国际化”“资本国际化”“商标国际化”五个重要步骤；走出了以“坚定的国际化战略信念”带动“国际化营销”“国际化研发”“国际化市场”的独特“匹克模式”。匹克的国际化战略历经重重艰辛，并不是轻易就能构建的，在执行过程中也有过短期性的一些其他声音，但是国际化战略都被创始人始终不渝地坚持下来。

正当匹克在国内刚刚树立良好品牌形象的时候，或许受到了匹克以及一些国外品牌的启发，国内如安踏、特步、361°、鸿星尔克等本土品牌也开始迅速崛起，而这些本土品牌大多还和匹克来自同一个城市——泉州。同时，国外同行业巨头耐克、阿迪达斯也开始进攻中国运动装备市场。匹克由原来的“自我摸索”，一下子陷入了内忧外患的境界。

更为关键的是，这些后起品牌拥有匹克无法匹敌的“后发优势”。匹克的自我摸索之路坎坷重重，成功的经验以及失败的教训都需要自我总结，但是后来的竞争者却不需要经历这些摸索的过程，对于成功的经验，他们可以采取“拿来主义”，而对于失败的教训，则可以借鉴避免。值得一提的是，在匹克前期发展过程中，中国经济仍处于转型的初级阶段，因此匹克在国内的销售渠道走的仍然是传统的“商场＋办事处”的形式，其销售大多是在百货商场的专柜。但是在经济的发展过程中，从 1993 年开始，各个省都开始逐渐建立了批发市场，一种新型的成功营销模式也应运而生——由经销商打造产品销售链的模式。其他后起品牌产生较晚，根本没有经历过“商场＋办事处”的销售时代，因此一起步就可以跟上时代的销售步伐。

匹克的管理层在 1995 年就敏锐地意识到：传统的销售渠道限于内部的定位，只能销售，不可能给品牌带来附加价值，要想走得更远，必须进行销售转型。但当时的匹克有 26 个办事处，服务于大商场，这些办事处当初的建立就耗费了管理层大量的心血，如今要对这些办事处进行调整，以前的心血白费不说，每调整一个办事处还要对其存货进行清理，面临 100 万到 200 万元的损失，而当时匹克每年的利润只有 500 万元左右。但是为了长期发展，匹克决定断臂求生。

从 1995 ~ 1998 年，匹克开始调整办事处。把 26 个办事处全部调整成经销商，有的放弃了重新招商，通过前后四年左右的时间，全部完成调整。当 26 个办事处调整结束的时候，匹克一共损失了 2000 多万元。但是经此断臂之举，匹克完全摆脱了过去销售模式的束缚，建立了以自有销售网点为支撑、产销结合的品牌运营体系。

四、赞助高端赛事，塑造国际品牌形象

在断臂求生的同时，匹克并没有放弃品牌打造的过程。相反，还加速了品牌打造的力度。在品牌定位上，匹克提出了在坚持专业篮球装备特色的基础上，着手打造综合性体育用品品牌，同时细分篮球鞋市场，不与耐克等巨头抢夺高端市场，而是定位于中高端市场。而在品牌营销上，继续跟进央视广告策略，冠名赞助全国男篮比赛，与CBA建立战略合作伙伴关系，同时引进“明星代言”策略，邀请了“战神”刘玉栋出任匹克形象代言人，成功地塑造了“挑战极限、攀登高峰”的品牌形象，2002年创造了篮球运动装备全国第一的佳绩。

但这些战绩还远不是匹克的追求。从2004年开始，匹克把目光投向国际篮球比赛，匹克成功地为乌兹别克斯坦、希腊等国家篮球队提供专用运动装备，自此启动了世界品牌的营销发展阶段。

2005年，匹克全面启动了品牌国际化战略。同年4月，匹克成为欧洲篮球顶级联赛（全明星赛2005）装备赞助商，成为打入欧洲篮球联赛的唯一中国品牌。2005年12月匹克又赞助了休斯敦丰田中心（火箭队主场），成为第一个进入NBA赛场的中国运动品牌。

2006年9月，匹克品牌国际化战略再上一个台阶，匹克邀请了美国“梦之队”主力球员、NBA火箭队球星肖恩·巴蒂尔倾情加盟匹克，出任匹克品牌形象代言人，同年，匹克自主研发了具有三级减震专利技术的“巴蒂尔I代”战靴，当巴蒂尔脚穿匹克篮球鞋征战NBA赛场的时候，开创了中国运动品牌正式进入NBA赛场的先河，为匹克的品牌国际化树立了良好的形象。

此后，匹克在与NBA加强合作的同时，还先后与WNBA、“钻石杯”男女篮球赛等国际知名赛事和塞浦路斯、新西兰、塞尔

维亚、伊朗、吉尔吉斯斯坦等多个国家的体育团体建立了战略合作伙伴关系，赞助了 20 多个国家和地区的运动队参加国际性比赛，并建立了由 15 名 NBA 球星和 WTA 球星奥尔加·格沃特索娃组成的匹克全球代言人队伍。创建了以 NBA 主场赞助、签约 NBA 球星代言、与 FIBA 建立战略合作伙伴关系为支撑的品牌国际化“匹克模式”。

2009 年 9 月 29 日，匹克成功在香港联交所主板上市，实现了其国际化的另一个重要历程——资本国际化。

当匹克决定上市的时候，在上市地点上面临两个选择，第一个是在 A 股上市，第二个可以选择在香港上市。在香港上市的好处在于，香港是国际金融大都市，那么匹克就可以通过香港转到全球，有利于全球投资者了解匹克；在 A 股上市也有一定的利弊，最明显的利益就在于 A 股估值相对较高，相对于香港上市来讲，在 A 股上市估值要高出大约 100 亿元人民币，但是缺点在于 A 股上市程序要相对麻烦。

匹克的管理层经过讨论认为：A 股估值虽高，对其国际化宗旨目标有所不同，虽然在 A 股上市公司市值增加 100 亿元人民币，但是为了考虑创国际品牌的长期效应，短期的 100 亿元算不了什么，因此匹克最后还是选择香港。

匹克在香港上市之后，匹克还面临了和投资者意见分歧的问题。一个有意思的细节是：当匹克在投资会上宣布要加大国际化进程的时候，负责记录的工作人员对“公司是以创国际化品牌为宗旨”这句话一直不敢写，当公司管理层问为什么不敢写的时候，工作人员没敢马上解释；等会议结束公司管理层再次询问的时候，工作人员解释说，如果这样写的话，很多投资者不会买你的股票，因为创国际品牌是高风险的。但是匹克管理层认为：如果作为投资者，不认同匹克战略目标，那么买匹克的股票是没有意义的，而匹克的目标就是创国际品牌，公司管理层对这个战略目标是坚定不移的。

五、十六年磨一剑，艰难的商标国际化

在匹克国际化战略中，还有一个重要的国际化步骤——商标国际化。事实上，商标的国际化一直伴随着匹克的国际化进程。匹克正式启动商标国际化是从 1993 年开始的。当时匹克的管理层认为，做一个国际化的产品，商标不国际化是行不通的。

事实上，寄望走向“美国主流市场”的匹克，早在 1992 年就遇到了商标的尴尬，当时匹克准备参展拉斯维加斯，但是却因商标近似而被展会挡在门外（当时美国有 PAKE、PEAKS 等商标），这时许景南认识到，商标是一个严肃的问题，如果没有商标，不要说开拓国际市场，就连参展的机会都没有，而且极有可能在未来的发展中面临严重的法律问题，给企业带来灾难性打击。从那时开始，匹克就踏上了商标注册的漫长历程。

目前，匹克已经在全球 160 个国家拿到了注册认证，完成了全球 80% 的注册，是目前国内企业中完成国际注册最多的。这个成果看似简单，但是却历尽了艰辛，尤其是以美国的注册最为曲折，经历了 16 年之久。匹克集团董事长许景南形容美国注册的过程就是一个“反反复复的上诉和被驳回的过程”，而被驳回的主要原因就是匹克当时的知名度比较低，而美国又存在一些相似的名称或者 Logo。一直到了 2009 年，当匹克经过多年和 NBA 的签约推广，知名度越来越高的时候，匹克才借助美国本土律师利用《马德里协议》中“对于来自加入该协议的国家的企业，如果有证据表明公司的商标已经知名，那么就能得到商标保护”条文，完成了在美国的商标注册。

在完成美国注册之后，从 2009 年一直到 2011 年，匹克一直没在美国开店。但是这并不意味着匹克的国际化到此为止，相反，匹克一直在为美国开店进行着准备工作。也就是这些着手准备工作，让匹克的管理人员越来越清晰地认识到：在国际化的进程当中，很多原来假想的困难根本不是困难，而原来认为简单的事情，反而成了困难。

在开店准备之前，人们一直猜测房屋租金会不会很贵？事实证明，美国的房租成本远远低于国内的房租成本，而真正的麻烦是整个交易的过程都很“慢”，所有程序都要按部就班走面上契约，在中国需要三个星期的事情，在美国却花了六个月。当然，这些都不是真正的困难所在，真正的困难在于，对于当时的匹克而言，完全不知道市场的需求之所在。

2010 年，当匹克的销售人员把自己原创设计的产品带到买手面前时，这些产品在球星们的脚上都能看得到，但挑剔的买手们并不愿意下单，而不下单的理由也很出人意料——匹克的鞋子尽管重量很轻，但是肉眼感觉不够轻，消费者无法从外感和材质上感受其科技含量。这一次的对话让匹克的工作人员感受到：完成商标和品牌的国际化绝不是国际化的终点，相反，它是一个新的起点；要想把产品真正推给消费者，产品的本土化是必不可少的工作。

经过这次挫折，匹克开始认真调研美国消费者的消费偏好以及消费习惯。匹克很快发现，自己面临的第一个挑战是自己在美国销售的产品并不符合美国消费者口味。“把以往在其他国家的销售产品直接输送到美国市场”这一想法被市场否定，匹克的调研人员发现，美国流行风格和中国不尽相同，后者注重颜色色彩，而前者则更重视科技含量。第二个挑战来自文化差异，例如中国设计师曾以大黄蜂为概念为美国市场设计了一款寓意极具攻击性的球鞋，而美国消费者则对此不以为然，因为大黄蜂在美国文化中寓意新手和“菜鸟”。这些发现后来直接推动了匹克在美国建立研发中心。

经过认真斟酌，匹克对产品的销售进行了定位，并最终确定为“美国主流市场”。根据这一定位，选店的地址就有纽约和洛杉矶两个城市可供选择，匹克根据市场调研发现，美国消费者和中国消费者在购买习惯上有很大不同，国内消费者习惯逛街无目的购买，而美国消费者则更多的是有目的购买；另一方面，不少专业培养体育人才的学校都处在美国西海岸，同时洛杉矶的时尚气息更为浓厚。鉴于这些原因，匹克最终在2011年年底在洛杉矶开了两家店，开始实现把产品销售到美国的梦想。

匹克的目标是全面参与到全球化的分工和全球化的竞争中，相比NIKE，匹克还有很多要学习的地方。而回顾当初为什么提出创国际品牌，董事长许景南把它归结为基于对经济形势的两点预测：第一点是经济全球化的必然性，匹克坚信一定要经济全球化才能支持工业化；第二点就是改革开放必然带来中国的强大，而强大的中国一定会带出强大的企业、强大的品牌。而匹克的实践无疑证实了当初的这两点判断。

六、云管理的应用与价值：“云”让管理更敏捷

工业时代大批量生产的信息壁垒正在被轻灵的云信息所取代；“先生产再销售”的传统工业链条，也逐渐被云时代的“终端需求驱动生产”的逻辑所替代。

服装鞋帽行业面临的最大挑战就是库存问题。一个普通服装厂商的库存大约占销售额的30%～40%，一旦促销甩卖，动辄五折三折，必然带来账面价值的大幅缩水。高库存占用了企业大量的流动资金，降低了资产周转率，影响了企业的运作效率。如何有效降低库存，是传统消费品企业的未解难题。体育用品公司匹克尝试用云管理解决高库存问题，取得了初步成效。

在原先的模式下，匹克各地的分销系统各自为政。例如，广东经销商有其独立服务器，浙江经销商也有自己的独立服务器。分散的信息系统给数据提取、分析和利用造成了很大的不便。

不同的服务器上数据无法标准化、集中化，管控很容易中断。前期端口众多，难以在统一的后端出口产出。如果要分析总体库存的情况，必须去各个独立服务器提取数据并整合，再进行后台的数据大处理，导致成本骤升。而且因为信息的传递不及时，后台生产无法准确跟进，库存就不可避免地涨上去了。

举例来说，某款衣服因为在广东市场反馈不佳，当地经销商决定进行降价促销以减少店面的库存。若信息一体化未形成，后台的生产部门未及时接到信息，依旧大量生产该款产品，库存源源不断上升。与此同时，如果浙江的同款衣服很畅销，后台却没有及时得到信息，无法立即调整对不同市场的供货量，也会造成损失。

这是一直存在于大型服装厂商生态系统内部的信息屏障。匹克在云管理方面做的第一件事就是打造云平台，把公司的生产、销售以及各地经销商都纳入到这一信息平台上来，打通信息接口，使厂商的各个职能部门之间、不同经销商之间信息畅行，降低了信息不对称带来的高库存压力，达到“小批量、多批次、多品种、快出货”的效果。

这就如同将自来水管道铺设到匹克生态系统中的每家每户，

各个相关部门、各地区供应商，都能实时利用这条管道获取所需要的信息。销售前端有任何信息，都能反馈给后端的生产部门；销售前端与库房能有效沟通对接。销售与生产之间不再存在严重的信息鸿沟。

“移动订货会给匹克带来了阶段性变化。”匹克总经理许志华说。服装的易变性和循环性决定了服装业面临着种种挑战，面对瞬息万变的市场需求，服装企业必须紧跟季节更迭，不断地设计和开发新的产品线，并在每年的订货会上成功推介营销。因此，每一场订货会对服装企业都至关重要。

如果组织一次传统型的订货会，人力物力的投入非常大。传统订货会先是手写记录订单，再人工录入电脑，不可避免产生大量差错和无效订单。匹克 IT 总监宾寿成说，传统订货会的订单录入差错率高达 30%，而且因为存在二次录入和后续的分析统计，订单流程时间会拖得很长。

如今的匹克依靠云平台处理订单，衍化成一种新的订货模式——移动订货会。2012 年第二季度的订货会采用移动订货会模式，选样的有效性能提高一半以上，订单的有效率大幅度提升，减少了许多因为手工错误而造成的无效订单，保证了及时下单、精确生产，也为“小批量”生产提供了保证。订货过程中，不同经销商之间的信息能互相共享打通，大大缩减了订不到货、订错货的概率，同时加快了数据的后台处理能力。采用移动订货会之后，匹克订单交付周期能严格控制在 6 个月之内。

移动订货会的流程好比一个线上、线下的整合。线下的商家先根据自己区域内客户的消费洞察，设计出每一季需要订购的服装数量和风格，再和呼叫中心沟通、咨询。每一次订货会接近 80% 的生意都来自老客户。过去都是手工记录客户信息和交易记录，很难进行分类和数据挖掘，不仅管理起来麻烦，对企业主未来决策的帮助支持也十分有限。移动订货会将所有客户信息都数据化了，一目了然，追根溯源，有利于厂商把握大客户信息，及时判断行业趋势和客户需求。

匹克的经销商与销售一线的服务人员在匹克的企业微博里非常活跃，他们从顾客的喜好、销售详情、款式的建议、质量的对比、促销模式、投诉与建议无不跃然微博互动平台上，而且打造出了一个无声胜有声的创意空间。

如果有创意但无法分享，那创意就无法落地，如果分享无法及时传达，那分享只能被搁置成扼腕叹息。匹克作为一家意志坚定、行动果断、创新大胆的体育用品领先企业，绝对不会让创意被搁置，让反馈无法实践。“金蝶为我们量身定制的企业微博，每天都有 800 个以上的活跃用户，这里基本上是我们销售一线的舞台，我们总部与厂家的人员就是更多地关注和吸收他们的心声，并作出相应的回馈，这比以往任何一种方式都来得和谐与高效。”匹克 IT 总监宾寿成先生如是说。

匹克商城的定制服务，是匹克总经理许志华亲手抓起来的。许志华认为，年轻的消费者越来越不愿意落入窠臼，希望张扬个性，表达自我。好的服装企业必须因需而变，进行个性化小批量的定制生产。如果说 ZARA 通过高效供应链，加快服装上新速度和周转率的模式，初步实现了“速度快”和“库存低”，那么匹克依托于网络的定制生产，也许在未来可能成为服装行业“快时尚”的主流之一。“消费者在匹克网上商城选购自己喜欢的鞋子，也可以根据自身喜好，进行随心定制。比如选择自己喜欢的花色、款式，要求在鞋子上打印个性签名、照片等，几分钟就可以设计好一双极具特色的运动鞋。下单后匹克会根据消费者的设计，将这个独一无二的产品在 7 天之内送货上门，价钱甚至比在实体店购买还要实惠。”许志华说。

通过打造信息一体化云平台，大力推行移动订货会以及开展网上个性化产品定制，匹克正在借助云的智慧，试图解决困扰传统服装行业多年的高库存难题。工业时代大批量生产的信息壁垒正在被轻灵的云信息所取代；“先生产再销售”的传统工业链条，也逐渐被云时代“终端需求驱动生产”的逻辑所替代。在未来，若有相当份额的产品是通过网络实现定制生产的，企业几乎就不存在库存的问题了。虽然过程也许相当漫长，但随时洞察市场趋势的变化，未雨绸缪，借助新兴的 IT 云技术迎接转型，是每一个中国企业都应思考并尽早投入的。